Estudos Aplicados de Direito Empresarial

Estudos Aplicados de Direito Empresarial

LL.C. EM DIREITO EMPRESARIAL

2020

Coordenação:

Pamela Romeu Roque

ALMEDINA

ESTUDOS APLICADOS DE DIREITO EMPRESARIAL
LL.C. EM DIREITO EMPRESARIAL

COORDENAÇÃO: Pamela Romeu Roque

DIRETOR ALMEDINA BRASIL: Rodrigo Mentz
EDITORA JURÍDICA: Manuella Santos de Castro
EDITOR DE DESENVOLVIMENTO: Aurélio Cesar Nogueira
ASSISTENTES EDITORIAIS: Isabela Leite e Marília Bellio

DIAGRAMAÇÃO: Almedina
DESIGN DE CAPA: FBA

ISBN: 9786556270760
Outubro, 2020

Dados Internacionais de Catalogação na Publicação (CIP)
(Câmara Brasileira do Livro, SP, Brasil)

Estudos aplicados de direito empresarial : LL.C. em direito empresarial / coordenação Pamela Romeu Roque. -- 1. ed. -- São Paulo : Almedina, 2020.

Vários autores.
Bibliografia
ISBN 978-65-5627-076-0

1. Direito empresarial 2. Direito empresarial - Brasil 3. Direito empresarial - Legislação - Brasil I. Roque, Pamela Romeu.

20-40840 CDU-34:338.93(81)

Índices para catálogo sistemático:

1. Direito empresarial : Brasil 34:338.93(81)

Maria Alice Ferreira - Bibliotecária - CRB-8/7964

Este livro segue as regras do novo Acordo Ortográfico da Língua Portuguesa (1990).

EDITORA: Almedina Brasil
Rua José Maria Lisboa, 860, Conj.131 e 132, Jardim Paulista | 01423-001 São Paulo | Brasil
editora@almedina.com.br
www.almedina.com.br

APRESENTAÇÃO

Não é difícil perceber que vivemos hoje o chamado mundo VICA (ou, no acrônimo original em inglês, VUCA): volátil, incerto, complexo e ambíguo. Todos somos desafiados por essa realidade, mas a tradicional profissão do Direito é especialmente provocada a se reinventar para desempenhar sua cara função. A capacidade de criticamente pensar soluções ou caminhos jurídicos que atendam a essa realidade está cada vez mais indispensável. No mundo empresarial, é necessário entender o seu funcionamento e as necessidades de seus agentes assim como ser fluente em Direito a ponto de raciocinar por diversos ramos tradicionais, já que os problemas nos fatos não surgem perfeitamente encaixados em uma ou outra área tradicional do Direito.

Os alunos do programa de pós-graduação LL.C. em Direito Empresarial do Insper Direito são constantemente estimulados a lidar com esse cenário. No término de seus estudos, atingem o ápice ao apresentar um trabalho de conclusão de curso que demonstre as habilidades treinadas, abordando um problema complexo, atual e pertinente ao mundo empresarial. A coleção *Estudos Aplicados de Direito Empresarial – LL.C. em Direito Empresarial* traz alguns desses trabalhos que responderam aos desafios propostos no curso, e este presente sexto volume apresenta cinco muito especiais pelo enfrentamento de questões que não podem ser ignoradas nos dias de hoje. Os assuntos trabalhados vão de tecnologia e uso de dados, a diversidade e gestão de solução de conflitos fora e dentro do Judiciário. Os desafios são analisados com múltiplas perspectivas, como custos, benefícios à sociedade, licitude, segurança e credibilidade.

De fato, é com esse espírito que, em ordem alfabética por autor, Bruna Monteiro Bolzan inicia com seu artigo "A Lei Geral de Proteção de Dados e o envio de e-mail marketing como uma das principais estratégias de marketing de um *e-commerce*". Nele, a autora analisa como possivelmente o segmento do *e-commerce* poderá adequar a coleta e o tratamento de dados pessoais utilizados no envio de e-mail marketing após a entrada em vigor da Lei Geral de Proteção de Dados ou LGPD (Lei nº 13.709/2018). Essa ferramenta é considerada uma das principais estratégias de marketing digital do ramo e a nova norma, que vem trazendo ansiedade para diversos profissionais que de certa forma enfrentam o importante mundo dos dados, traz desafios a serem enfrentados. Para traçar um caminho, a autora busca entender quais bases legais poderão ser utilizadas e quais cuidados deverão ser adotados para a sua utilização.

Na sequência, Bruno Figueiroa Correa de Oliveira Andrade apresenta seu texto "Métodos de resolução de disputas com *smart contracts* e *blockchain*: uma análise da plataforma Kleros", em que enfrenta como a utilização em larga escala de novas tecnologias trarão novas possibilidades de conflitos e suas soluções. Com efeito, no contexto dessas tecnologias, que têm representado uma série de modificações nas estruturas socioeconômicas atualmente conhecidas, o autor enfrenta o estudo de como a utilização de Blockchain, associada aos contratos inteligentes (ou seja, contratos autoexecutáveis, em redes descentralizadas e independentes de qualquer intervenção humana para serem gerenciados e administrados), pode servir como forma de resolução efetiva de conflitos dentro da própria rede. Para tanto, no artigo são analisados os conceitos e características de cada um desses institutos, e, ao cabo, o autor ilustra com a análise da plataforma de resolução de conflitos Kleros, que se utiliza de contratos inteligentes, atualmente existentes dentro da rede Blockchain Ethereum.

Após, o tão necessário – mas ainda em desenvolvimento – tema da diversidade ganha atenção, com o artigo "Os benefícios trazidos pelo aprimoramento da gestão empresarial focada nos direitos humanos LGBTI+" do autor Henrique Araújo Loureiro de Carvalho. Nele, é abordada a importância da institucionalização da diversidade sexual e de gênero nas empresas por meio do aprimoramento da gestão empresarial focada nos direitos de lésbicas, gays, bissexuais, travestis, transexuais, intersexuais e outras identidades de gênero e sexualidade não contempladas na atual sigla adotada, representada pelo "+" (LGBTI+). O autor discorre como o compromisso das empresas com o respeito às diferenças, o direito à igualdade e não discriminação fomenta um ambiente inclusivo e que atrai grandes talentos com excelentes habilidades. É esclarecido que a promoção desse ambiente inclusivo, por respeitar a individualidade e garantir a aplicabilidade do princípio da dignidade humana, enseja um clima mais propício ao desenvolvimento de ideias, impacta positivamente a vida dos colaboradores, aumenta a satisfação de stakeholders da empresa, trazendo um valor competitivo de grande destaque no mercado.

Voltando a tema pertinente aos dados, Lucas Macedo de Magalhães apresenta o texto "Business intelligence, big data e proteção de dados: análise de compatibilidade entre o tratamento de dados pessoais para inteligência de negócio e a Lei Geral de Proteção de Dados". Por meio deste artigo, o autor esclarece como, diante da realidade da Sociedade da Informação e Economia da Informação, a geração e tratamento de dados tornou-se fator estratégico para a sobrevivência das empresas. Com o mundo produzindo dados em escala cada vez maior, o direito passou a adotar novas interpretações sobre conceitos, como de privacidade, assim como legislações precisaram ser criadas com o intuito de prover aos titulares de dados pessoais maior controle sobre o fluxo de suas informações. Diante da tensão gerada entre o direito de controle dos dados pessoais e a necessidade de utilização de dados de forma fluida pelas empresas, o artigo enfrenta, explicando os hoje essenciais instrumentos de business intelligence e big data, se é possível adequar as principais tecnologias associadas à inteligência de negócio ao atual cenário de proteção de dados.

Fechando o volume, Mariana de Carvalho Rici oferece o interessante artigo "Efeito *Chancery Court* nas varas empresariais e de conflitos relacionados a Arbitragem de São Paulo: O que fazer para conter o volume de novos processos distribuídos para essas duas varas?". Conforme informações pesquisadas pela autora, desde a inauguração da 1ª e da 2ª Varas Empresariais e de Conflitos Relacionados à Arbitragem pelo Tribunal de Justiça do Estado de São Paulo em 05 de dezembro de 2017, a quantidade de processos distribuídos para essas varas tem apresentado tendência de aumento, de modo que, no longo prazo, esse aumento pode comprometer a sua eficiência, sobretudo porque os processos empresariais são mais viscosos do que os de natureza cível comum, ou seja, demandam mais tempo de trabalho dos magistrados. A autora analisa soluções possíveis: criação de uma terceira vara, aumento do teto de cobrança ou da alíquota de 1% que incide no ato da distribuição, proibição da concessão da gratuidade judiciária aos empresários ou, quando menos, a modulação dos efeitos do benefício. Ao final, luzes são lançadas para lidar com a inafastável realidade de que a atual demanda do Judiciário é mais alta do que a que consegue ser absorvida.

Sem dúvidas, esses artigos, que são resultado da dedicação, esforço e habilidade desses autores, merecem o tempo do leitor. Boa leitura!

PAMELA GABRIELLE ROMEU GOMES ROQUE

Professora do Insper Direito

PREFÁCIO

Com a presente edição da Coleção "Estudos Aplicados de Direito Empresarial", ultrapassada foi a marca de 120 artigos científicos de relevante valor doutrinário e prático, da lavra de discentes dos *LL.M* e do *LL.C* – pós-graduações *lato sensu* – do Insper Direito contidos em tal Coleção.

Sinto-me, pois, extremamente honrado em poder prefaciá-la, pois tive o privilégio, como um dos professores orientadores do Insper Direito, de acompanhar a elaboração de vários desses artigos, desde o momento de sua idealização até o momento em que foram encaminhados para a Almedina, parceira do Insper nessa notável Coleção, para sua edição e publicação.

Venho assim testemunhando o grande empenho havido na elaboração desses artigos. Se certo é que o processo de orientação no desenvolvimento dos trabalhos de encerramentos dos *LL.M* e do *LL.C* do Insper Direito em muito auxilia os discentes na elaboração de tais trabalhos, por outro lado é inegável que o lavor inigualavelmente desenvolvido pelos outros professores em sala de aula, ministrando as matérias que compõem a grade curricular dos cursos, foi a fonte de inspiração de boa parte desses trabalhos.

Nada disso teria valor, no entanto, não fosse a extrema competência e dedicação de nossos discentes: ela é para mim motivo de infindável orgulho!

A partir de suas experiências profissionais, ou mesmo da ânsia em ampliar e aprofundar conhecimentos, com o rigor acadêmico comparável somente com o dos mais destacados doutorandos e mestrandos, nossos discentes vêm continuamente pesquisando, analisando, debatendo, duvidando, concordando, concluindo e escrevendo.

E tal prática não empalideceu, mesmo depois de, lamentavelmente, o Ministério da Educação desta República ter dispensado a obrigatoriedade de apresentação de trabalho de conclusão como requisito básico para a obtenção do grau de especialista na pós graduação *lato sensu*. Contrariando as mais sombrias expectativas, nossos discentes continuaram a nos brindar com textos de grande qualidade acadêmica e profissional.

Tudo isto me leva a crer que o trabalho iniciado há 21 anos – quando o primeiro dos *LL.M* "foi ao ar" – foi um retumbante sucesso. Ao longo de todo este tempo, discentes e docentes, guiados por uma coordenação tão rigorosa quanto exemplar e por um apoio acadêmico efetivo, eficaz e eficiente, com o auxílio de um dos melhores times de bibliotecárias e bibliotecários do País, construíram uma Escola, cuja relevância e influência nos meios acadêmico e jurídico nacionais é inegável.

Destarte, quero congratular o Insper e a Almeidina por mais esta edição da "Coleção de Estudos Aplicados de Direito Empresarial", desejando a esta Coleção longa vida. Que ela continue a ser um canal de veiculação da qualidade e do esmero daqueles cuja obra ou influência se manifesta, explicita ou implicitamente, nos artigos que a compõem.

RÉGIS FERNANDO DE RIBEIRO BRAGA
Professor dos *LL.M* em Direito
Professor Orientador dos *LL.M* em Direito Tributário
Insper – Instituto de Ensino e Pesquisa

SUMÁRIO

A Lei Geral de Proteção de Dados e o Envio de *e-mail Marketing* como uma das Principais Estratégias de *Marketing* de um *e-commerce*

Bruna Monteiro Bolzan

Introdução

A Lei nº 13.709/2018, conhecida popularmente como a Lei Geral de Proteção de Dados (LGPD), sancionada em 14 de agosto de 2018 e alterada pela Medida Provisória nº 869 de 28 de dezembro de 2018, que foi convertida na Lei nº13.853/2019, em 09 de julho de 2019, regulamenta como os dados pessoais deverão ser coletados e tratados por pessoa física ou jurídica, nos meios *online* e *offline*, estabelecendo direitos, exigências e procedimentos que visam proteger os titulares dos dados pessoais.

O segmento de *e-commerce* será impactado de forma significativa e as empresas do setor deverão se adaptar até o início da vigência da legislação de proteção de dados, que estava previsto para 16 de agosto de 2020, mas que, em decorrência da pandemia causada pelo Covid-19, foi postergado para maio de 2021, enquanto que as multas e sanções previstas foram postergadas para agosto de 2021, nos termos da Medida Provisória 959/2020, de 29 de abril de 2020, e que ainda precisa ser convertida em lei pelo Congresso Nacional[1].

[1] A Medida Provisória 959/2020 deverá ser convertida em lei, por votação do Congresso Nacional, até 27/08/2020 para que se mantenha em vigor e não caduque após o prazo de 120 dias contatos da sua publicação. Entretanto, com o

O presente trabalho propõe analisar como um *e-commerce* poderá adequar o envio de *e-mail* marketing, uma de suas principais estratégias de marketing, e de que forma poderá justificar a utilização de dados pessoais, em conformidade com a LGPD. Para tanto, será abordado de forma resumida quais as principais características de um *e-mail* marketing, apresentando de forma breve quais as principais normas aplicáveis a esse tipo de marketing direto digital, antes da publicação da LGPD.

Será demonstrado brevemente como os países foram desenvolvendo as suas legislações de proteção de dados, com destaque à União Europeia e o seu regulamento, denominado como *General Data Protection Regulation* (GDPR), que está em vigor desde 25 de maio de 2018, isto é, há mais de 1 (um ano), utilizado como inspiração para a redação da LGPD.

Abordaremos os princípios, bases legais e os pontos mais relevantes da LGPD, a fim de esclarecer a sua importância e seus impactos, utilizando como instrumento de comparação a GDPR e a sua aplicação ao *e-mail* marketing, abordando de forma superficial alguns pontos de contato entre ambas as normas.

Serão analisadas as bases legais do consentimento e do legítimo interesse e a sua utilização como justificativa legais para a coleta e tratamento dos dados utilizados para o envio de *e-mail* marketing.

O objetivo é buscar demonstrar quais os principais pontos de adequação que as empresas de *e-commerce* deverão se atentar e como possivelmente, com base na GDPR, será possível atender às disposições da LGPD.

prosseguimento do trâmite do PL 1179/2020, após a votação na Câmara dos Deputados, o projeto retornou ao Senado que, em nova votação, suprimiu o dispositivo que tratava da prorrogação da vigência da Lei para maio de 2021, mantendo apenas a prorrogação das sanções para agosto de 2021. Se a MP 959/2020 não for convertida em lei, a LGPD entrará em vigor em 16 de agosto de 2020 (vigência que era prevista antes do início da pandemia). Do caso contrário, se houver a conversão da MP em lei, a LGPD entrará em vigor em 03 de maio de 2021.

1. O *e-commerce* e o *marketing* digital

O número de internautas no Brasil aumentou em apenas um ano, cerca de 10 (dez) milhões de pessoas. De acordo o estudo da Pesquisa Nacional por Amostragem de Domicílios Contínua[2], realizada pelo Instituto Brasileiro de Geografia e Estatística (IBGE) e divulgada em 20 de dezembro de 2018, aumentou de 64,7% para 69,8% o número de brasileiros com 10 (dez) anos ou mais que acessaram a internet de 2016 para 2017, representando cerca de 10 (dez) milhões de usuários a mais, sendo que aproximadamente 2 (dois) milhões desses usuários (correspondente a cerca de 23%), possuem 60 (sessenta) anos ou mais.

Segundo o IBGE, o Brasil possuía cerca de 116 (cento e dezesseis) milhões de usuários em 2016, tendo esse número aumentado para 126 (cento e vinte e seis) milhões um ano depois. No mesmo período, o número de domicílios permanentes no país com acesso à internet cresceu de 69,3% para 74,9%.

Com o desenvolvimento da Internet cada vez maior, o comércio digital passou a ser considerado um terreno fértil a ser explorado pelo setor corporativo, conferindo maior facilidade e agilidade aos negócios. Nas palavras de Sandra R. Turchi:

> [...] o potencial oferecido pela Internet levou as empresas a pensar de forma mais ampla e a incluir em seus planejamentos de marketing as estratégias de *e-business* – um conceito abrangente que se refere a uma fusão complexa dos processos internos, aplicações empresariais e estrutura organizacional, com uso de tecnologia (hardwares e softwares), de modo a criar um modelo de negócios de alto desempenho.[3]

[2] IBGE. **Pesquisa Nacional por Amostra de Domicílios Contínua 2016/2017.** Disponível em: <https://biblioteca.ibge.gov.br/visualizacao/livros/livl01631_informativo.pdf>. Acesso em 11 abr 2019.

[3] TURCHI, Sandra R. **Estratégias de marketing digital e *E-commerce*.** 1 ed. São Paulo: Atlas, 2012. Pg. 16.

No Brasil, o *e-commerce*, segmento de comércio que realiza suas transações comerciais e financeiras por meio de dispositivos e plataformas eletrônicas, como computadores, celulares e *tablets*, vem crescendo de forma expressiva e acelerada. Segundo a projeção realizada pela Associação Brasileira de Comércio Eletrônico (ABComm), o setor de *e-commerce* brasileiro deve atingir um volume de vendas de quase R$ 80 (oitenta) bilhões em 2019, representando um crescimento de 16% se comparado ao resultado atingido pelas lojas virtuais do país, em 2018[4].

Sem um modelo ideal e contando com diversas possibilidades devido à inovação constante da Internet, o sucesso de um *e-commerce* depende de foco nos objetivos, delimitação de metas claras e mapeamento de fatores de marketing, comunicação, financeiros e logísticos. Além de todos esses fatores, um *e-commerce* precisa definir a sua principal estratégia: como vender mais. Para isso, é necessário entender como o consumidor se comporta e quais as ferramentas online que a empresa pode utilizar para atingir esse consumidor, através de suas atividades de marketing e publicidade.

O modelo de marketing digital centrado no consumidor e baseado no seu comportamento é considerado o mais eficaz para obtenção de resultados satisfatórios, garantindo a um *e-commerce* crescimento e obtenção de lucros duradouros. Como exemplo de estratégias tradicionais de marketing digital utilizadas, podemos citar sete ações digitais: marketing de conteúdo, marketing nas mídias sociais, marketing viral, publicidade *online*, pesquisa *online*, monitoramento e *e-mail* marketing[5].

[4] CHENG. Diana. **Faturamento no *e-commerce* pode crescer 16% em 2019, diz ABComm**. Money Times. 18 jan. 2019. Disponível em: < https://moneytimes.com.br/fast/faturamento-no-*e-commerce*-pode-crescer-16-em-2019-diz-abcomm/>. Acesso em 11 abr 2019.

[5] TORRES, Cláudio. Conceitos de marketing digital. In: **A Bíblia do Marketing Digital: tudo o que você queria saber sobre marketing e publicidade na**

O marketing digital passou por significativas mudanças nos últimos anos, especialmente em razão de avanços tecnológicos, que transformaram o relacionamento com os clientes e as estratégias de atração utilizadas pelas empresas.

Com o objetivo de se conquistar novos consumidores e aumentar as vendas, criou-se o marketing por dados. Nesse novo modelo, as informações sobre os consumidores e o mercado onde a empresa está inserida norteiam as suas ações, isto é, as estratégias de vendas não são mais baseadas em meros *insights* ou na percepção da empresa, mas no estudo de dados externos (cenário econômico, tendências do mercado e situação do setor), dados internos (números de vendas e resultados das operações) e dados dos consumidores (rastros que o seu público-alvo deixa na Internet, os quais demonstram suas necessidades, padrões de consumo e comportamento). O cruzamento dessas informações proporciona ações de marketing mais direcionadas e efetivas, uma vez que foram baseadas em previsões de padrões de comportamento, tendências mercadológicas e direcionadas a um público cujo interesses e objetivos são conhecidos.

No presente trabalho, analisaremos o *e-mail* marketing e à sua adaptação à Lei nº 13.709/2018, mais conhecida como a Lei Geral de Proteção de Dados (LGPD).

1.1. O *e-mail marketing* como uma das principais estratégias de marketing digital

O *e-mail* marketing, um dos instrumentos de marketing digital mais importantes e mais utilizados pelos *e-commerces,* nasceu devido à adaptação das empresas a velha mala direta, consistindo no envio de uma mensagem comercial para um grupo de pessoas, por meio de um endereço eletrônico (*e-mail*). *E-mails*

internet e não tinha a quem perguntar. 1 ed. São Paulo: Novatec Editora, 2009, p. 69.

enviados a um atual ou potencial cliente podem ser considerados como *e-mails* marketing dependendo do seu conteúdo, e, devido à evolução exponencial da tecnologia, outros meios de comunicação, além do tradicional *e-mail*, como, por exemplo, *Short Message Service* (SMS) e *push notification* (notificação que o usuário recebe em um aplicativo de smartphone, tablet ou em um navegador), podem enviar mensagens com conteúdo comercial. Este trabalho considerará como *e-mail* marketing qualquer tipo de mensagem não instantânea, de cunho comercial, que possa ser enviada em massa para destinatários específicos.

O conteúdo de um *e-mail* marketing geralmente consiste em novidades sobre a marca, promoções, condições especiais e busca, principalmente, divulgar a marca e construir uma relação de lealdade com os atuais e possíveis futuros clientes. Suas principais características são a agilidade (tanto para envio, quanto para resposta), baixo custo e facilidade de medir a taxa de retorno da ação, que é o percentual de quantidade de pessoas que responderão efetivamente à oferta, através da verificação de quantas pessoas visitaram o site e quantas solicitaram o não recebimento de novas mensagens e a exclusão da base de *e-mails*, chamada de *opt-out*.

A fim de se evitar o mau uso e para regulamentar as práticas de envio do *e-mail* marketing, a Associação Brasileira de Marketing de Dados (ABEMD), em conjunto com mais 13 (treze) entidades, criou, em 13 de agosto de 2009, o Código de Autorregulamentação para a Prática de *E-mail* Marketing – Capem[6], uma espécie de guia de condutas e regras para o uso adequado do *e-mail* como uma ferramenta de marketing. O Capem entrou em vigor no segundo semestre de 2010 e as empresas que obser-

[6] CAPEM. **Código de autorregulamentação para a prática de *e-mail* marketing.** CAPEM. 13 ago 2009. Disponível em: http://www.capem.org.br/codigo.php. Acesso em 01 ago 19.

vassem as orientações nele previstas poderão ser advertidas ou até mesmo penalizadas.

Nas palavras de Sandra R. Turchi, o Capem possui 10 (dez) principais recomendações, as quais estabelecem que:

1. Todas as bases devem ser *opt-in* ou *soft opt-in*, ou seja, os destinatários devem ter solicitado o recebimento das mensagens enviadas (*opt-in*), ou o remetente deve ter uma relação comercial ou social prévia e comprovável com o destinatário (*soft opt-in*).
2. O remetente deve ser identificado e apresentar endereço de *e-mail* válido.
3. *Opt-out* é o mesmo que descadastro. E o remetente deverá disponibilizar ao destinatário a sua política de *Opt-out* e informar o prazo de remoção do seu endereço eletrônico da base de destinatários, que não poderá ser superior a 2 (dois) dias úteis, quando solicitado diretamente pelo *link* de descadastramento e 5 (cinco) dias úteis quando solicitado por outros meios, prazos estes contados a partir da data da solicitação comprovada.
4. As mensagens de *e-mail* marketing devem conter, obrigatoriamente, um link para *opt-out* automático e uma segunda alternativa que não seja um *link* (exemplo: um número de telefone, *fax*, endereço informado de *e-mail* ou site sem *link*, carta ou qualquer outro meio amplamente disseminado).
5. Quando houver contrato entre o remetente e o destinatário, as mensagens enviadas exclusivamente com finalidade de assegurar a execução contratual e pós-contratual referentes àquele contrato (ex: boleto bancário, avisos e extratos) estão dispensadas de conter o recurso de *opt-out*.
6. O remetente somente poderá enviar mensagens de *E-mail* Marketing por endereço eletrônico vinculado ao seu nome de domínio próprio, por exemplo, remetente@exemplo.com.br. É vedada a utilização de domínio de terceiros não pertencentes ao mesmo grupo econômico do remetente ou de parceiros.

7. O envio de anexos, muitas vezes utilizado por instituições financeiras, pode ser realizado desde que exista uma autorização prévia e comprovável do destinatário. Certificação e assinatura digitais são permitidas e não ficam sujeitas à regra dos anexos.
8. É imprescindível divulgar no *site* da empresa a "Política de Privacidade e de uso d Dados" adotada com clientes e usuários. Isso é importante para que os destinatários da mensagem saibam como e em que situações a empresa utilizará suas informações pessoais ou corporativas.
9. O envio de mensagens só pode ser feito para bases *opt-in* ou *soft-in*. Porém, é permitido que uma empresa realize uma ação para algum parceiro comercial enviando um *e-mail* para sua própria base de destinatário, desde que observadas as condições seguintes: a base deve ter *opt-in* expresso e que autorize o envio de *e-mails* de conteúdo de terceiros; o *e-mail* de remetente deverá ser aquele por meio do qual a pessoa física ou jurídica que detém o relacionamento com a Base de destinatários pode ser contatada pelo destinatário; além dos recursos de *opt-in* padrão, a mensagem deverá conter mais duas opções de descadastro: uma para descadastro de mensagens daquele parceiro comercial do remetente e outra para mensagens de todo e qualquer parceiro comercial do remetente; o endereço de remetente deve ser válido e utilizar nome de domínio próprio do responsável pela base de destinatários.
10. Entre as várias disposições técnicas previstas no código, destaca-se a configuração de SPF (*Sender Policy Framework*). Trata-se de uma configuração no servidor de domínio que informa quais IPs (internet *protocol* – ou endereços) e estão aptos a enviar *e-mail* com nome desse domínio.[7]

[7] TURCHI, Sandra R. **Estratégias de marketing digital e *E-commerce*.** 1 ed. São Paulo: Atlas, 2012. Pg. 81.

Apesar de ser um meio eficiente de comunicação com o cliente, o *e-mail* marketing é frequentemente utilizado de forma inadequada e, em muitos casos, até mesmo abusiva. Se *o e-mail* for enviado para endereços eletrônicos que foram obtidos indevidamente – através da compra de banco de dados, por exemplo –, sem que os destinatários tenham autorizado o recebimento de mensagens publicitárias, o *e-mail* será considerado *spam* e, ao invés de fidelizar ou atrair novos clientes, poderá gerar um resultado contrário ao pretendido, prejudicando a sua reputação e correndo o risco de ser barrada nas ferramentas *antispam* dos provedores de Internet.

1.2. O panorama legal da proteção de dados pessoais no Brasil antes da publicação da Lei Geral de Proteção de Dados

Antes da publicação da Lei nº 13.709/2018 (LGPD), o nosso país já possuía um sistema formado por diversos atos normativos, leis infraconstitucionais esparsas e decisões judiciais que abordavam questões de privacidade e tutela às garantias fundamentais voltadas aos dados pessoais, atribuindo ferramentas de defesa aos titulares.

A Constituição da República Federativa do Brasil de 1.988 já se preocupava com o tema e estabeleceu em seu artigo 5º, inciso X[8]NE, a inviolabilidade da intimidade e da vida privada, prevendo o direito a indenização pelo dano material ou moral em razão de sua violação.

[8] BRASIL. Constituição da República Federativa do Brasil de 1.988. **Palácio do Planalto Presidência da República**, Brasília, DF. Disponível em: http://www.planalto.gov.br/ccivil_03/constituicao/constituicao.htm. Acesso em: 01 ago 2019.

NE- Art. 5º (...) X: são invioláveis a intimidade, a vida privada, a honra e a imagem das pessoas, assegurado o direito a indenização pelo dano material ou moral decorrente de sua violação."

A Lei nº 8.078/1990[9], que instituiu o Código de Defesa do Consumidor, é considerada a primeira lei a tutelar de forma efetiva os direitos e garantias relacionados aos dados pessoais[10], uma vez que tutelou, de forma efetiva, o acesso à informação em bancos de dados e cadastro de consumidores; a necessidade do consumidor ser comunicado por escrito quando da abertura de cadastro, ficha, registro, dados pessoais e de consumo, sempre que por este não solicitada; o direito à correção imediata em caso de inexatidão dos dados e dos cadastros; e a equiparação dos cadastros dos consumidores a bancos de dados públicos.

A legislação consumerista forneceu diretrizes básicas sobre a forma com a qual o envio de *e-mail* marketing deve se adequar, entre elas: o envio do *e-mail* deve ser para o público-alvo potencial e com interesse no *e-mail* veiculado; deve haver identificação clara do anúncio no título do *e-mail*, preferencialmente apresentado como uma oferta comercial; deve haver no *e-mail* a opção de excluir o envio de novos *e-mails* similares de ofertas vindas do mesmo remetente; e a lista de *e-mails* deve ter sido obtida de maneira lícita e permissiva.

A Lei nº 12.527/2011[11], popularmente conhecida como Lei de Acesso à Informação, que entrou em vigor no ano de 2012, passou a regular o acesso a informações previsto no inciso XXXIII, do art. 5º , no inciso II do § 3º do art. 37 e no § 2º do art. 216 da

[9] BRASIL. Lei nº 8078 de 11 de setembro de 1990. Dispõe sobre a proteção do consumidor e dá outras providências. **Palácio do Planalto Presidência da República**, Brasília, DF, 12 fev. 1990. Disponível em: http://www.planalto.gov.br/ccivil_03/leis/l8078.htm. Acesso em: 01 ago 2019.

[10] MENDES, Laura Schertel Ferreira: **Privacidade, Proteção de Dados e Defesa do Consumidor – Linhas Gerais de Um Novo Direito Fundamental**. São Paulo: Saraiva, 2014, não paginado.

[11] BRASIL. Lei nº 12.527 de 18 de novembro de 2011. **Palácio do Planalto Presidência da República**, Brasília, DF, 18 nov. 2011. Disponível em: http://www.planalto.gov.br/ccivil_03/leis/l8078.htm. Acesso em: 01 ago 2019

Constituição Federal[12], se aproximando muito do conceito de proteção de dados pessoais ao se referir a informações pessoais em seu artigo 4º.

O Marco Civil da Internet (Lei nº 12.965/2014)[13], promulgado no ano de 2014, estabeleceu princípios, direitos, deveres e garantias para o uso da internet no Brasil, sem ainda, contudo, regulamentar especificamente a privacidade dos *e-mails* e dados de usuários. Essa legislação passou a tutelar os direitos e deveres referentes aos dados pessoais que estavam armazenados e/ou trafegavam pela internet. Conceitos como proteção de privacidade, proteção de dados pessoais, preservação e garantia da neutralidade de rede e liberdade de expressão, conforme disposto no artigo 3º do Marco Civil da Internet[14], foram elencados como princípios do uso da internet no Brasil.

O Marco Civil originalmente previu, em seu artigo 7º[15], diversos direitos que foram reiterados mais tarde na Lei nº 13.708/2018 ou a Lei Geral de Proteção de Dados (LGPD), entre eles:

[12] BRASIL. Constituição da República Federativa do Brasil de 1.988. **Palácio do Planalto Presidência da República**, Brasília, DF. Disponível em: http://www.planalto.gov.br/ccivil_03/_ato2011-2014/2011/lei/l12527.htm. Acesso em: 01 ago 2019.

[13] BRASIL. Lei nº 12965 de 23 de abril de 2014. Estabelece princípios, garantias, direitos e deveres para o uso da Internet no Brasil. **Palácio do Planalto Presidência da República**, Brasília, DF, 23 abr 2014. Disponível em: http://www.planalto.gov.br/ccivil_03/_ato2011-2014/2014/lei/l12965.htmAcesso em: 01 ago 2019.

[14] BRASIL. Lei nº 12965 de 23 de abril de 2014. Estabelece princípios, garantias, direitos e deveres para o uso da Internet no Brasil. **Palácio do Planalto Presidência da República**, Brasília, DF, 23 abr 2014. Art. 3º. Disponível em: http://www.planalto.gov.br/ccivil_03/_ato2011-2014/2014/lei/l12965.htm. Acesso em: 01 ago 2019.

[15] BRASIL. Lei nº 12965 de 23 de abril de 2014. Estabelece princípios, garantias, direitos e deveres para o uso da Internet no Brasil. **Palácio do Planalto Presidência da República**, Brasília, DF, 23 abr 2014. Art. 7º. Disponível em:

a) a limitação da coleta e do tratamento de dados pessoais de acordo com as finalidades para os quais foram coletados;
b) a necessidade do consentimento prévio do titular de dados para o compartilhamento de dados pessoais com terreiros, sob pena de violação ao direito do cidadão;
c) o direito que os titulares possuem de ter informações claras referentes a coleta, tratamento e uso dos seus dados;
d) a possibilidade de exclusão dos dados fornecidos a provedores de aplicação; e
e) a necessidade de consentimento claro e expresso para coleta, uso, guarda e qualquer tratamento dos dados pessoais fornecidos.

O Marco Civil da Internet foi regulamentado no ano de 2016, através do Decreto nº 8.771/2016 e o dado pessoal foi conceituado como "*dado relacionado à pessoa natural identificada ou identificável, inclusive números identificativos, dados locacionais ou identificadores eletrônicos, quando estes estiverem relacionados a uma pessoa*"[16].

Finalmente, conforme será abordado no próximo capítulo, a fim de se adequar ao cenário nacional e internacional atual, o Brasil desenvolveu a LGPD, destinada especificamente à tutela dos dados pessoais, tanto no âmbito da internet quanto em qualquer outro ambiente.

2. A proteção de dados no Brasil e no mundo

A utilização cada vez maior de dados e informações pessoais por empresas privadas, organizações e pelo governo, até então sem

http://www.planalto.gov.br/ccivil_03/_ato2011-2014/2014/lei/l12965.htm. Acesso em: 01 ago 2019.

[16] BRASIL. Decreto nº 8.771, de 11 de maio de 2016. **Palácio do Planalto Presidência da República**, Brasília, DF, 11 mai 2016. Art. 14º, I. Disponível em: http://www.planalto.gov.br/ccivil_03/_ato2011-2014/2014/lei/l12965.htm. Acesso em: 01 ago 2019.

muitos limites estabelecidos, provocou debates sobre a necessidade da criação de legislações e regulamentos específicos. Com a disseminação da coleta massiva de informações pessoais, os riscos de abusos e violação ao direito à privacidade (garantido pela Constituição Federal Brasileira) aumentaram significantemente e geraram a necessidade da criação de leis, objetivando que os indivíduos tenham um maior controle sobre como suas informações são utilizadas.

Neste capítulo, será abordado de forma breve e sucinta a evolução das legislações referentes a proteção de dados principalmente na Europa e na América do Sul, culminando com a criação da Lei Geral de Proteção de Dados Brasileira.

2.1. A evolução da proteção de dados no mundo

Em 1973, na Suécia, foi aprovado o Ato de Dados Sueco (*Sw. Datalagen*)[17], a primeira lei de nacional de proteção de dados da história que, apesar de tratar a proteção de dados de forma genérica, inovou ao incluir na agenda pública do governo o tema da necessidade da proteção de dados dos cidadãos.

Em 1970, países como Alemanha, Dinamarca e França já possuíam suas próprias legislações de proteção de dados e, em 1981, o Conselho da Europa aprovou a Convenção nº 108, que visava a proteção das pessoas relativamente ao tratamento automatizado de dados de caráter pessoal. Com o desenvolvimento e a crescente evolução da tecnologia, a União Europeia, em 1995, promulgou a Diretiva 95/46/CE[18], um marco relacionado à proteção de dados pessoais, cujo objeto era a proteção das pessoas singulares no que diz respeito ao tratamento de dados pessoais

17 ÖMAN. Sören. **Implementing Data Protection in Law.** ÖMAN. Disponível em: http://www.scandinavianlaw.se/pdf/47-18.pdf. Acesso em: 20 ago. 2019.

18 PARLAMENTO EUROPEU. Diretiva 95/46/CE de 24 de outubro de 1995. **EUR-Lex.** Disponível em: https://eur-lex.europa.eu/legal-content/PT/ALL/?uri=CELEX%3A31995L0046 Acesso em: 30 ago. 2019.

e à livre circulação desses dados, sendo aplicável a todos os países membros da União Européia. Essa Diretiva vigorou até 25 de maio de 2018, sendo substituída pelo Regulamento nº 2016/679[19], de 27 abril de 2016, a nova lei geral de proteção de dados da União Européia, conhecida popularmente como *General Data Protection Regulation* (GDPR).

Em linhas gerais, a GDPR, que fez seu primeiro aniversário de plena eficácia no mês de maio de 2019, foi desenvolvida, principalmente, para conciliar as leis de privacidade de dados na Europa, proteger a privacidade de dados e empoderar todos os cidadãos da União Europeia e reestruturar o modo com que as organizações abordavam a privacidade de dados[20].

Sua aplicação é extraterritorial e possui um efeito global, isto é, não se restringe apenas aos cidadãos dos países que fazem parte da União Europeia e do Espaço Econômico Europeu[21], alcançando também empresas com filiais nos países da União Europeia ou que ofertem serviços ou produtos ao mercado europeu; empresas que, mesmo sem presença física, coletam dados de pessoais naturais localizadas na União Europeia, independentemente da nacionalidade; e empresas que terceirizam o processamento de dados (que pode incluir a coleta, o armazenamento, o uso, a transferência, a consulta, a combinação e até mesmo a exclusão) para outras empresas que estejam localizadas na União Europeia.

[19] PARLAMENTO EUROPEU. Regulation (EU) 2016/679, General Data Protection Regulation (GDPR) de 27 de abril de 2016. **EUR-Lex.** Disponível em: https://gdpr-info.eu. Acesso em: 30 ago. 2019.

[20] The EU General Data Protection Regulation (GDPR) is the most important change in data privacy regulation in 20 years. Disponível em: < https://eugdpr.org/>. Acesso em: 20 ago. 2019.

[21] NE – Entende-se por União Europeia e do Espaço Econômico Europeu os seguintes países: Alemanha, Áustria, Bélgica, Bulgária, Croácia, Chipre, Dinamarca, Eslováquia, Eslovênia, Espanha, Estônia, Finlândia, França, Grécia, Hungria, Irlanda, Itália, Islândia, Letônia, Liechtenstein, Lituânia, Luxemburgo, Malta, Noruega, Países Baixos, Polônia, Portugal, Reino Unido, República Checa, Romênia e Suécia.

O escopo de aplicação da GDPR está ligado a tudo que pode ser considerado como dado pessoal. Para a Regulação Europeia, conforme estabelecido em seu artigo 4º, dado pessoal é

> qualquer informação relacionada a uma pessoa natural identificada ou identificável. Uma pessoa natural identificável é alguém que pode ser identificada, direta ou indiretamente, principalmente por meio de referência a um identificador único como nome, número de identificação, dado locacional, identificador eletrônico ou um ou mais fatores específicos a identidade física, psicológica, genética, mental, econômica, cultural ou social da pessoa natural.[22]NE (tradução livre)

Com relação à América do Sul, até o ano de 2018, apenas Argentina, Colômbia, Chile, Uruguai, Peru, Guiana Francesa e Paraguai possuíam leis gerais que visavam a proteção dos dados das pessoas naturais. Desses países, vale destacar a Lei de Proteção de Dados Pessoais da Argentina, ou *Lei de Protección de los Datos Personales*[23], de 04 de outubro de 2000, a qual versa sobre os princípios gerais referentes à proteção de dados, além dos

[22] PARLAMENTO EUROPEU. Regulation (EU) 2016/679, General Data Protection Regulation (GDPR) de 24 de abril de 2016. **EUR-Lex.** Artigo 4º. Disponível em: https://eur-lex.europa.eu/legal-content/PT/ALL/?uri=CELEX%3A31995L0046 Acesso em: 30 ago. 2019.
NE – Art. 4º (1) "*'personal data' means any information relating to an identified or identifiable natural person ('data subject'); an identifiable natural person is one who can be identified, directly or indirectly, in particular by reference to an identifier such as a name, an identification number, location data, an online identifier or to one or more factors specific to the physical, physiological, genetic, mental, economic, cultural or social identity of that natural person.*" UNIÃO EUROPEIA. Regulamento 2016/679 do Parlamento Europeu e do Conselho, de 27 abril de 2016. *General Data Protection Regulation.*

[23] ARGENTINA. Lei nº 25.326, de 04 de outubro de 2000. Disposiciones Generales. Principios generales relativos a la protección de datos. Derechos de los titulares de datos. Usuarios y responsables de archivos, registros y bancosde datos. Control. Sanciones. Acción de protección de los datos

direitos dos titulares dos dados, estipulando sanções e medidas de proteção. Atualmente, essa lei é objeto de um processo de modernização a fim de aproximá-la à GDPR. Destaca-se que a Argentina e o Uruguai, até o momento, são os únicos países da América do Sul considerados com níveis adequados de proteção de dados pela Comissão da União Européia.[24]

O Brasil passou a fazer parte do rol de países da América do Sul que possuem uma legislação sobre proteção de dados após oito anos de debates legislativos, por meio da aprovação da Lei nº 13.709[25], de 14 de agosto de 2018, também conhecida como Lei Geral de Proteção de Dados (LGPD), que entraria em vigor em 16 de agosto de 2020, conforme determinado pela Medida Provisória nº 869 de 27 de dezembro de 2018, que institui a Autoridade Nacional de Proteção de Dados (ANPD) e alterou alguns dispositivos da redação original da lei. Em 09 de julho de 2019, o Presidente Jair Bolsonaro sancionou o Projeto de Lei de Conversão nº 7/2019, convertendo a Medida Provisória nº 869/2018 e originando a Lei nº 13.853/2019[26].

personales. Disponível em: http://www.oas.org/es/sla/ddi/docs/A7%20ley%20 protecci%C3%B3n%20de%20datos.pdf. Acesso em 20 ago 2019.

[24] EUROPEAN COMISSION. **Adequacy of the protection of personal data in non-EU countries.** Disponível em: < https://ec.europa.eu/info/law/law-topic/data-protection/datatransfers-outside-eu/adequacy-protection-personal-datanon-eu-countries_en >. Acesso em 20 ago 2019.

[25] BRASIL. Lei nº 13709 de 14 de agosto de 2018. Lei Geral de Proteção de Dados Pessoais (LGPD). **Palácio do Planalto Presidência da República**, Brasília, DF, 14 ago 2019. Disponível em: http://www.planalto.gov.br/ccivil_03/_Ato2015-2018/2018/Lei/L13709.htm. Acesso em: 30 ago 2019.

[26] BRASIL. Lei nº 13853 de 08 de julho de 2019. Altera a Lei nº 13.709, de 14 de agosto de 2018, para dispor sobre a proteção de dados pessoais e para criar a Autoridade Nacional de Proteção de Dados; e dá outras providências. **Palácio do Planalto Presidência da República**, Brasília, DF, 09 jul 2019 Disponível em: http://www.planalto.gov.br/ccivil_03/_ato2015-2018/2018/lei/L13709.htm. Acesso em: 30 ago 2019.

2.2. Principais aspectos da Lei Geral de Proteção de Dados brasileira

Este capítulo abordará de forma sucinta e objetiva os aspectos mais relevantes da Lei Geral de Proteção de Dados Brasileira, aplicáveis à discussão do presente artigo. Será objeto de análise a Lei n° 13.709/2018, alterada pela Medida Provisória nº 869/2018, que posteriormente foi sancionada e convertida para a Lei n° 13.853/2019. Recomenda-se que eventuais futuras alterações na legislação sejam estudadas para verificar a melhor forma de aplicação do presente estudo.

A LGPD dispõe sobre o tratamento de dados pessoais, nos meios online ou físico, por pessoa natural ou por pessoa jurídica de direito público ou privado, estabelecendo regras e limites a respeito da coleta, armazenamento, tratamento e compartilhamento de dados, possuindo aplicação extraterritorial, isto é, as entidades sem presença física no Brasil também podem estar sujeitas a essa legislação.

A lei considerou como tratamento toda e qualquer operação realizada com dados pessoais, sendo elas, a título de exemplificação, a coleta, utilização, acesso, reprodução, distribuição, processamento, armazenamento, alteração, avaliação e transferência.[27] Ressalta-se que, devido à pandemia causada pelo Covid-19, o início da vigência da LGPD foi postergado para maio de 2021, enquanto que as multas e sanções previstas foram postergadas para agosto de 2021, nos termos da Medida Provisória 959/2020, de 29 de abril de 2020, que ainda precisa ser convertida em lei pelo Congresso Nacional.[28]

[27] BRASIL. Lei nº 13709 de 14 de agosto de 2018. Lei Geral de Proteção de Dados Pessoais (LGPD). **Palácio do Planalto Presidência da República**, Brasília, DF, 14 ago 2019. Artigo 5º, inciso X. Disponível em: http://www.planalto.gov.br/ccivil_03/_ato2015-2018/2018/lei/L13709.htm. Acesso em: 30 ago.

[28] A Medida Provisória 959/2020 deverá ser convertida em lei, por votação do Congresso Nacional, até 27/08/2020 para que se mantenha em vigor e não

A LGPD é aplicada, via de regra, quando i) a operação do tratamento é realizada em território nacional; ou ii) o intuito deste tratamento é oferecer bens ou serviços ou, simplesmente, utiliza dados de indivíduos localizados no território nacional; ou, (iii) os dados pessoais objeto do tratamento são coletados no território nacional[29].

Os titulares de dados terão mais controle sobre o processamento dos seus dados pessoais, definidos pela Lei como os dados que permitem identificar uma pessoa ou torná-la identificável[30], trazendo mais segurança jurídica para as empresas e maior proteção aos direitos dos cidadãos, titulares dos dados. São exemplos de dados pessoais nome, endereço, números de CPF, RG, CNH, Geolocalização, endereços de *e-mail*, hábitos de consumo, entre outros.

A lei também definiu uma subcategoria de dados pessoais, classificada como dados pessoais sensíveis[31], se referindo aos dados que podem discriminar uma pessoa e que, portanto,

caduque após o prazo de 120 dias contatos da sua publicação. Entretanto, com o prosseguimento do trâmite do PL 1179/2020, após a votação na Câmara dos Deputados, o projeto retornou ao Senado que, em nova votação, suprimiu o dispositivo que tratava da prorrogação da vigência da Lei para maio de 2021, mantendo apenas a prorrogação das sanções para agosto de 2021. Se a MP 959/2020 não for convertida em lei, a LGPD entrará em vigor em 16 de agosto de 2020 (vigência que era prevista antes do início da pandemia). Do caso contrário, se houver a conversão da MP em lei, a LGPD entrará em vigor em 03 de maio de 2021.

29 BRASIL. Lei nº 13709 de 14 de agosto de 2018. Lei Geral de Proteção de Dados Pessoais (LGPD). **Palácio do Planalto Presidência da República**, Brasília, DF, 14 ago 2019. Artigo 3º, incisos I, II e III. Disponível em: http://www.planalto.gov.br/ccivil_03/_ato2015-2018/2018/lei/L13709.htm. Acesso em: 30 ago 2019.

30 BRASIL. Lei nº 13709 de 14 de agosto de 2018. Lei Geral de Proteção de Dados Pessoais (LGPD). **Palácio do Planalto Presidência da República**, Brasília, DF, 14 ago 2019. Artigo 5º, inciso I. Disponível em: http://www.planalto.gov.br/ccivil_03/_ato2015-2018/2018/lei/L13709.htm. Acesso em: 30 ago 2019.

31 BRASIL. Lei nº 13709 de 14 de agosto de 2018. Lei Geral de Proteção de Dados Pessoais (LGPD). **Palácio do Planalto Presidência da República**, Brasília, DF,

demandam uma proteção especial, sendo eles: origem étnica ou racial, convicção religiosa, dados referentes à saúde ou à vida sexual, opinião política, filiação a sindicato, dado genético ou biométrico.

A LGPD estabelece 10 (dez) princípios gerais[32] que, em conjunto à boa-fé, devem nortear a atividade de tratamento de dados pessoais no país, sendo obrigatória a sua aplicação por todas as empresas. São eles: a) Finalidade: os dados devem ser utilizados apenas para as finalidades específicas e legítimas para as quais foram coletados originalmente, sendo que essa finalidade deverá ser informada ao titular; b) Adequação: o tratamento deve ser realizado de forma compatível com as finalidades apresentadas ao titular; c) Necessidade: deve-se limitar o tratamento ao mínimo necessário para atendimento da finalidade, sendo que não deverão ser coletados dados pessoais desnecessários; d) Livre acesso: deve ser garantido ao titular a consulta acessível e gratuita sobre a forma e a duração do tratamento dos seus dados; e) Qualidade dos dados: é garantido ao titular a correção e atualização de dados em posse do agente de tratamento. Os dados deverão ser atualizados sempre que necessário, visando o adequado cumprimento da finalidade e necessidade de seu tratamento; f) Transparência: o titular tem direito de obter de forma acessível informações claras e precisas sobre o tratamento de seus dados, resguardados segredos industriais e comerciais; g) Segurança: medidas adequadas técnica e administrativamente devem ser adotadas para proteger os dados pessoais de acessos indevidos, bem como de situa-

14 ago 2019. Artigo 5º, inciso II. Disponível em: http://www.planalto.gov.br/ccivil_03/_ato2015-2018/2018/lei/L13709.htm. Acesso em: 30 ago 2019.

[32] BRASIL. Lei nº 13709 de 14 de agosto de 2018. Lei Geral de Proteção de Dados Pessoais (LGPD). **Palácio do Planalto Presidência da República**, Brasília, DF, 14 ago 2019. Artigo 6º. Disponível em: http://www.planalto.gov.br/ccivil_03/_ato2015-2018/2018/lei/L13709.htm. Acesso em: 30 ago 2019.

ções de perda (acidentais ou ilícitas), alteração ou destruição; h) Prevenção: devem ser adotadas medidas de segurança que visem prevenir possíveis danos decorrentes do tratamento de dados pessoais; i) Não discriminação: é proibido o tratamento de dados pessoais para fins discriminatórios, abusivos e ilícito; e j) Responsabilização e prestação de contas: o agente deve ter capacidade de demonstrar e comprovar que adota medidas de proteção eficazes e suficientes, observando as disposições da lei de proteção de dados pessoais.

Ao contrário do Marco Civil da Internet, que somente permite o tratamento de dados pessoais mediante o consentimento do titular dos dados, a LGPD estabeleceu, em seu artigo 7º, um rol taxativo com 10 (dez) hipóteses que justificam o tratamento, também chamadas de bases legais[33]. São eles: a) consentimento pelo titular: manifestação do titular que deve ser livre e inequívoca, por meio da qual aceita e concorda com o tratamento de seus dados pessoais para atingir uma finalidade específica; b) cumprimento de obrigação legal ou regulatória pelo controlador; c) pela Administração Pública na execução de políticas públicas, convênios, contratos, regulamentos ou outros instrumentos; d) estudos por órgãos de pesquisas, utilizando-se sempre que possível dados anonimizados; e) execução de contrato ou de procedimentos: os dados pessoais são necessários para a execução de um contrato no qual o titular dos dados é parte ou para procedimentos preliminares à sua formação; f) exercício regular de direitos em processos judiciais; administrativos ou arbitrais; h) tutela da saúde, exclusivamente, em procedimento realizado por profissionais da área da saúde, serviços de saúde ou por entidades sanitárias; i) atendimento aos interesses legí-

[33] BRASIL. Lei nº 13709 de 14 de agosto de 2018. Lei Geral de Proteção de Dados Pessoais (LGPD). **Palácio do Planalto Presidência da República**, Brasília, DF, 14 ago 2019. Artigo 7º. Disponível em: http://www.planalto.gov.br/ccivil_03/_ato2015-2018/2018/lei/L13709.htm. Acesso em: 30 ago 2019.

timos do controlador ou de terceiros, exceto se prevalecerem liberdades e direitos fundamentais do titular: nessa hipótese, a finalidade do tratamento é razoavelmente esperada pelo titular, devendo sempre ser avaliada a sua aplicabilidade no caso concreto por meio de um teste de legítimo interesse; e j) proteção do crédito: os dados pessoais podem ser utilizados visando a proteção do crédito, com o objetivo de tornar a economia do país mais segura, podendo, inclusive, conceder benefícios àqueles que cumprem com as suas obrigações.

A LGPD prevê que os titulares de dados pessoais possuem direito ao acesso fácil e simples de informações sobre o tratamento de seus dados pessoais, as quais devem ser apresentadas de forma adequada, clara e ostensiva. Conforme artigo 9º[34], são elas: a) finalidade específica para a qual o tratamento é realizado; b) forma e duração do tratamento, preservando-se os segredos industrial e comercial; c) informações do controlador, principalmente para contatá-lo se necessário; d) informações a respeito do uso compartilhado de dados pelo controlador e qual a finalidade; e) responsabilidades dos agentes que executarão o tratamento; e f) direitos do titular, com menção de forma explícita aos direitos elencados no artigo 18 da mesma Lei.

A LGPD estabelece em seu artigo 18º diversos direitos oponíveis diretamente contra o controlador[35], sem a cobrança de qualquer valor, perante a Autoridade Nacional de Proteção de Dados ("ANPD") ou até mesmo através de órgãos de defesa

[34] BRASIL. Lei nº 13709 de 14 de agosto de 2018. Lei Geral de Proteção de Dados Pessoais (LGPD). **Palácio do Planalto Presidência da República**, Brasília, DF, 14 ago 2019. Artigo 9º. Disponível em: http://www.planalto.gov.br/ccivil_03/_ato2015-2018/2018/lei/L13709.htm. Acesso em: 30 ago 2019.

[35] BRASIL. Lei nº 13709 de 14 de agosto de 2018. Lei Geral de Proteção de Dados Pessoais (LGPD). **Palácio do Planalto Presidência da República**, Brasília, DF, 14 ago 2019. Artigo 18º. Disponível em: http://www.planalto.gov.br/ccivil_03/_ato2015-2018/2018/lei/L13709.htm. Acesso em: 30 ago 2019.

do consumidor. São eles: a) confirmação da existência de tratamento e acesso aos dados pessoais objeto do tratamento; b) correção dos dados equivocados, incompletos ou não atualizados; c) anonimização, bloqueio ou eliminação de dados desnecessários; d) portabilidade dos dados pessoais a outro prestador de serviço ou fornecedor de produto, em conformidade com a regulamentação a ser instituída pela Autoridade Nacional, preservados os segredos comercial e industrial, bem como ressalvados os dados já anonimizados; e) exclusão dos dados pessoais tratados com o consentimento do titular, ressalvadas as hipóteses de dispensa do término do tratamento; g) informação de entidades públicas que receberam dados compartilhados pelo controlador; h) informações sobre a possibilidade de não consentir e quais seriam as suas consequências; e i) revogação do consentimento.

Em caso de eventuais infrações cometidas às normas previstas na LGPD, os agentes de tratamento de dados (controlador e operador)[36]NE ficam sujeitos à aplicação das sanções administrativas elencadas no artigo 52 e aplicáveis pela Autoridade Nacional, sem prejuízo de eventuais indenizações. Poderão ser aplicadas as seguintes sanções: a) advertência, com a concessão de um prazo para que as irregularidades sejam sanadas; b) multa simples de até 2% (dois por cento) do faturamento da organização direito privado (pessoa jurídica), grupo ou conglomerado no Brasil, considerado o valor do seu último exercício, exclu-

[36] BRASIL. Lei nº 13709 de 14 de agosto de 2018. Lei Geral de Proteção de Dados Pessoais (LGPD). **Palácio do Planalto Presidência da República**, Brasília, DF, 14 ago 2019. Artigo 5, inciso VI. Disponível em: http://www.planalto.gov.br/ccivil_03/_ato2015-2018/2018/lei/L13709.htm. Acesso em: 30 ago 2019.
NE – "Artigo 5º, VI – controlador: pessoa natural ou jurídica, de direito público ou privado, a quem competem as decisões referentes ao tratamento de dados pessoais; VII – operador: pessoa natural ou jurídica, de direito público ou privado, que realiza o tratamento de dados pessoais em nome do controlador."

ídos os tributos, limitada ao valor total de R$ 50.000.000,00 por infração; c) multa diária, respeitando o limite total previsto acima; d) publicização da infração, após a devida apuração e confirmada a sua ocorrência; e) bloqueio dos dados pessoais objeto da infração, até que ela seja regularizada; e f) exclusão dos dados pessoais objeto da infração.

Tendo em vista a sua natureza horizontal e vertical, a LGPD, assim como ocorreu com a GDPR na Europa, afetará todas as áreas da sociedade como poucas leis afetaram, impactando diretamente a forma de atuação de um *e-commerce*, principalmente o envio de *e-mail* marketing, uma das estratégias de marketing mais utilizadas pelos comércios eletrônicos no Brasil.

3. A LGPD e o *e-mail* marketing

A legislação de proteção de dados brasileira surge em um momento no qual a preocupação com a privacidade das pessoas naturais é necessária. Após a LGPD entrar em vigor, as empresas não poderão tratar nenhum dado pessoal sem que haja uma finalidade específica e uma das 10 (dez) hipóteses de tratamento legal.

Referindo-se ao universo do *e-commerce*, informações como *cookies* (arquivos de internet que armazenam temporariamente o que um internauta está visitando na rede), *login*, *e-mail* e endereço de IP não poderão ser coletados e tratados sem uma justificativa legal, a qual deverá ser informada aos usuários de forma clara e objetiva, devendo as empresas de *e-commerce* estarem em *compliance* com as disposições da LGPD.

Para se compreender como o *e-mail* marketing poderá ser afetado pela LGPD, será feita uma breve análise da GDPR, que entrou em vigor em 25 de maio de 2018, isto é, há mais de um ano.

3.1. A regulação do *e-mail* marketing pela GDPR

Como resultado do *GDPR in numbers*, um estudo realizado pela *European Commision* em conjunto com a International Association of Privacy Professionals (Iapp)[37], em comemoração ao aniversário de um ano da GDPR, se verificou que foram realizadas cerca de 144.376 reclamações às autoridades de proteção de dados europeias em razão de supostas violações à GDPR, sendo que já foram aplicados mais de 56 milhões de euros em multa. Ressalta-se que as multas impostas devido ao descumprimento da GDPR podem atingir até 4% do faturamento total da empresa no ano anterior ou 20 milhões de euros, o que for maior.

Esse estudo também demonstrou que a maioria das reclamações realizadas está relacionada às atividades de telemarketing, vídeo vigilância e *e-mails* promocionais, sendo este último objeto do presente artigo.

Antes mesmo da entrada em vigor da GDPR, a Honda, no ano de 2017, já havia sido multada no valor de 13 mil euros pela UK's Information Commissioner's Office ("ICO")[38], Autoridade de Proteção de Dados do Reino Unido, devido ao uso indevido do *e-mail* marketing e a inobservância do Data Protection Act 1998 ou Lei de Proteção de Dados de 1998[39], uma vez que foram enviados *e-mails* intitulados "Deseja ouvir a Honda?" para clientes que a empresa, devido a uma falha técnica, não conseguia identificar se haviam optado ou não por receber comunicações de marketing diretas.

[37] European Commision. **GDPR in numbers.** Disponível em: https://ec.europa.eu/commission/sites/beta-political/files/infographic-gdpr_in_numbers_1.pdf. Acessado em 31 ago 2019.

[38] ICO. Supervisory Powers of the Information Commissioner. Monetary Notice. Disponível em: <https://ico.org.uk/media/action-weve-taken/mpns/2013732/mpn-honda-europe-20170320.pdf>. Acessado em: 20 ago 2019.

[39] REINO UNIDO. Data Protection Act 1998. Disponível em: <http://www.legislation.gov.uk/ukpga/1998/29/contents>. Acessado em 20 ago 2019.

Enquanto o GDPR regula o processamento e o compartilhamento de dados pessoais, outros regulamentos, existentes inclusive antes da vigência da GDPR, dispõem especificamente sobre o marketing direto por meios eletrônicos eletrônicos (*Eletronic Direct Marketing* ou *EDM*). Os Regulamentos de Privacidade e Comunicações Eletrônicas (*Privacy and Electronic Communications Regulations* ou *PECR*)[40] também regulam: a) o uso de cookies ou tecnologia que rastreia informações sobre o histórico online dos usuários e acesso ao site; b) a segurança de serviços públicos de comunicações eletrônicas; c) a privacidade dos clientes que utilizam redes ou serviços de comunicação, com relação aos dados de tráfego e localização, cobrança discriminada, listagens de diretório e serviços de identificação de linha.

As organizações da União Europeia que processam dados pessoais para uso em campanhas de marketing eletrônico direto, além de observarem o PECR, a partir de 25 de maio de 2018, também precisam estar em *compliance* com a GDPR, uma vez que a GDPR não substitui o PECR, mas apenas instituiu um novo padrão de consentimento a ser seguido. Ressalta-se que, diferentemente da GDPR, o PECR se aplica mesmo se não estiverem sendo processados dados pessoais, isto é, mesmo que não seja possível identificar a pessoa com quem se está entrando em contato.

Antes da GDPR, obter consentimento era provavelmente a maneira mais comum de as organizações conduzirem o processamento de dados de forma legal. Era necessário apenas instituir termos e condições gerais que conferiam consentimento a todo o tratamento de dados, através de caixas de autorização pré-assinaladas, com exceção dos titulares que tivessem des-

[40] Information Commissioner's Office. What are PECR? Disponível em: <https://ico.org.uk/for-organisations/guide-to-pecr/what-are-pecr/> Acessado em 20 ago 2019.

marcado a caixa de autorização para recebimento de materiais publicitários.

Após a vigência da GDPR, uma das principais mudanças ocorridas foi a instituição de um alto padrão de obtenção e gerenciamento do consentimento[41], que deve ser separado dos outros termos e condições, dado livremente, de forma específica, informada e inequívoca. Ressalta-se que ele não pode constar na forma pré-assinalada, requerendo, que os titulares aceitem e autorizem os tratamentos divulgados pelas organizações através da marcação das caixas de autorização. Dados pessoais obtidos para fins de marketing que não se enquadrem nesse padrão devem ser excluídos.

Entretanto, o consentimento não é a única ou a base legal mais apropriada para o tratamento de dados pessoais envolvidos no envio de *e-mail* marketing. A GDPR estabeleceu de forma clara que para o marketing direto pode ser utilizada a base legal do legítimo interesse[42], desde que o destinatário não tenha optado por não receber qualquer comunicação publicitária e tenha tido a oportunidade de fazê-lo. Existe, desse forma, um conflito entre os regulamentos, uma vez que a PECR exige, de qualquer forma, que para o marketing eletrônico, como o *e-mail* marketing, seja obtido o consentimento padrão específico do GDPR, com apenas duas exceções: a) quando o *e-mail* for enviado para pessoas jurídicas (*business to business*); b) quando o *e-mail* for enviado para clientes (excluídos os clientes em potencial) que já adquiriram um produto ou serviço similar no pas-

[41] UNIÃO EUROPEIA. Regulamento 2016/679, General Data Protection Regulation, do Parlamento Europeu e do Conselho, de 27 abril de 2016. Artigo 32º.
[42] UNIÃO EUROPEIA. Regulamento 2016/679, General Data Protection Regulation, do Parlamento Europeu e do Conselho, de 27 abril de 2016. General Data Protection Regulation. "Recital 47º (...) The processing of personal data for direct marketing purposes may be regarded as carried out for a legitimate interest."

sado e tenham aceitado receber comunicações publicitárias. Nesses casos, o consentimento é dispensado.

A fim de orientar as empresas que utilizam o *e-mail* marketing como uma das suas estratégias de marketing, principalmente os *e-commerces*, a ICO elaborou o *Direct Marketing Guidance*[43], um manual para as empresas estarem em *compliance* com a GDPR e a PECR ao utilizarem o marketing direto eletrônico. Também foi desenvolvido pela ICO o *Direct marketing checklist*[44], uma espécie de checklist para verificar se a empresa está adotando as regras estabelecidas pela GDPR e pelo PECR no envio de marketing direto por meios eletrônicos.

3.2. O consentimento e o legítimo interesse como bases legais para a adequação do *e-mail* marketing à LGPD

Utilizando-se a GDPR como possível instrumento de comparação e a sua aplicação ao *e-mail* marketing, o objetivo é demonstrar como os *e-commerces* poderão adequar o envio de *e-mail* marketing após a LGPD entrar em vigor.

Conforme mencionado anteriormente, qualquer ação de marketing digital que utilize dados pessoais, incluindo o *e-mail* marketing, precisa ter uma base legal, isto é, uma autorização prevista na LGPD para que o tratamento daqueles dados seja realizado de forma adequada. A nova legislação brasileira enumera dez diferentes possibilidades de bases legais, mas duas delas são mais importantes para as empresas justificarem o tratamento de dados pessoais para o envio de *e-mail* marketing: o consentimento e o legítimo interesse.

[43] ICO. **Direct marketing checklist.** ICO. Disponível em: <https://ico.org.uk/media/for-organisations/documents/1551/direct-marketing-checklist.pdf>. Acessado em: 21 ago 2019.

[44] ICO. **Direct Marketing Guidance.** ICO. Disponível em: <https://ico.org.uk/media/1555/direct-marketing-guidance.pdf>. Acessado em: 21 ago 2019.

O consentimento, definido na LGPD como manifestação de vontade livre, informada e inequívoca, por meio da qual o titular concorda com o tratamento dos seus dados pessoais para o atingimento de uma finalidade específica e determinada[45], demanda ao controlador uma série de responsabilidades e requisitos. Ele seve ser obtido por escrito ou de uma forma que comprove a manifestação da vontade, que deve ser livre, inequívoca e informada, pela qual o titular concorda com o tratamento de seus dados pessoais para uma finalidade determinada e específica. Desse modo é possível que, assim como é feito na União Europeia, o consentimento do titular dado por meio do modelo de caixa pré-assinalada e de forma geral seja invalidado, sendo necessária a obtenção de um consentimento destacado das demais autorizações e através do modelo de *opt-in*.

Caso haja alterações relevantes quanto à finalidade do tratamento dos dados para a qual o titular deu o seu consentimento, bem como a forma com que ele é realizado, a sua duração e eventual compartilhamento com terceiros, será necessário comunicá-lo, oferecendo a chance de ele revogar o consentimento dado anteriormente[46].

O titular poderá revogar o consentimento dado anteriormente a qualquer momento[47], preservando-se o tratamento realizado anteriormente à revogação. Ainda, o titular deve ter fácil

45 MALDONADO. Viviane Nóbrega; BLUM. Renato Opice. **Comentários ao GDPR. Lei Geral de Proteção de Dados Comentada.** 1 ed. São Paulo: Revista dos Tribunais, 2019, p. 117.

46 BRASIL. Lei nº 13709 de 14 de agosto de 2018. Lei Geral de Proteção de Dados Pessoais (LGPD). **Palácio do Planalto Presidência da República**, Brasília, DF, 14 ago 2019. Artigo 8, §6. Disponível em: http://www.planalto.gov.br/ccivil_03/_ato2015-2018/2018/lei/L13709.htm. Acesso em: 30 ago 2019.

47 BRASIL. Lei nº 13709 de 14 de agosto de 2018. Lei Geral de Proteção de Dados Pessoais (LGPD). **Palácio do Planalto Presidência da República**, Brasília, DF, 14 ago 2019. Artigo 8, §5. Disponível em: http://www.planalto.gov.br/ccivil_03/_ato2015-2018/2018/lei/L13709.htm. Acesso em: 30 ago 2019.

acesso e controle sobre o uso dos seus dados, tendo direito, além da revogação, à correção, portabilidade e exclusão.

Quanto à base legal do legítimo interesse, ao utilizá-la para fundamentar o tratamento de dados pessoais para o envio de *e-mail* marketing, não é necessário obter o consentimento do titular.

O legítimo interesse, assim como o consentimento, é uma base legal prevista tanto na GDPR quanto na LGPD, e é limitada pelos direitos e liberdades fundamentais do titular. Entretanto, a LGPD não permite tratamento de dados sensíveis, de crianças e a transferência internacional com fundamento no legítimo interesse. A LGPD também não esclarece se essa justificativa legal poderia ser utilizada por ente público no bojo de suas atividades, não havendo uma limitação expressa, como ocorre na GDPR.

Quando o tratamento de dados pessoais for realizado com base no legítimo interesse, é necessário que dois requisitos sejam respeitados obrigatoriamente. Nas palavras de Caio César Carvalho Lima, são eles:

> i) finalidades legítimas: nos termos do artigo 6º, I, somente propósitos legítimos (e também específicos, explícitos e informados ao titular) justificarão o fundamento do interesse jurídico; e
> ii) existência de situação concreta: o titular deve ter a efetiva expectativa de que seus dados serão tratados em decorrência de relação prévia que exista entre ele e o controlador. Assim, necessária e obrigatoriamente, deve o titular ter passado por alguma situação real e concreta com o controlador dos dados, sendo insuficiente a mera expectativa de que venha a existir algum relacionamento entre ambos.[48]

[48] MALDONADO. Viviane Nóbrega; BLUM. Renato Opice. **Comentários ao GDPR. Lei Geral de Proteção de Dados Comentada.** 1 ed. São Paulo: Revista dos Tribunais, 2019, p. 194.

A LGPD não estabeleceu um conceito para a base legal do legítimo interesse, mas apresentou em seu artigo 10º dois exemplos de situações nas quais é possível o uso do legítimo interesse: a) apoio e promoção das atividades do controlador; e b) proteção, concedida ao titular, da prestação de serviços benéficos para ele ou do exercício regular de seus direitos, observando as expectativas dele e as liberdades e direitos fundamentais.

Os exemplos elencados por Caio César Carvalho Lima evidenciam a possibilidade da utilização dessa base legal para fundamentar o envio de *e-mail* marketing:

i) o controlador que, após observar as preferências de determinados usuários em seu portal, passar a exibir para eles produtos que mais o agradem, com base no tratamento de dados dos demais usuários daquele site;
ii) o envio de e-mail com descontos específicos para aqueles produtos buscados por determinado titular, ou até mesmo com indicações, tomando por base o histórico de compras do titular; ou
iii) relembrar determinado consumidor que incluiu produtos em seu "carrinho virtual", mas não finalizou a compra.[49]

Ressalta-se que, conforme disposto pelo artigo 10, §1º da LGPD[50], em observância aos princípios da adequação[51] e da

[49] MALDONADO. Viviane Nóbrega; BLUM. Renato Opice. **Comentários ao GDPR. Lei Geral de Proteção de Dados Comentada.** 1 ed. São Paulo: Revista dos Tribunais, 2019, p. 195.
[50] BRASIL. Lei nº 13709 de 14 de agosto de 2018. Lei Geral de Proteção de Dados Pessoais (LGPD). **Palácio do Planalto Presidência da República**, Brasília, DF, 14 ago 2019. Artigo 10, §1. Disponível em: http://www.planalto.gov.br/ccivil_03/_ato2015-2018/2018/lei/L13709.htm. Acesso em: 28 jan 2020.
[51] BRASIL. Lei nº 13709 de 14 de agosto de 2018. Lei Geral de Proteção de Dados Pessoais (LGPD). **Palácio do Planalto Presidência da República**, Brasília, DF, 14 ago 2019. Artigo 6, II. Disponível em: http://www.planalto.gov.br/ccivil_03/_ato2015-2018/2018/lei/L13709.htm. Acesso em: 28 jan 2020.

necessidade[52], poderão ser objeto de tratamento baseado no legítimo interesse somente os dados pessoais necessários ao atingimento da finalidade almejada.

Conforme exposto anteriormente, o marketing direto é considerado pela ICO como uma atividade para a qual o legítimo interesse é aplicável. Para auxiliar o controlador dos dados a definir se a base legal é a mais adequada, é recomendado que seja realizado um teste, denominado pela ICO como *Legitimate Interests Assessment (LIA)*[53], por meio do qual se considerará a legitimidade da finalidade, a possibilidade de existir uma outra base legal mais adequada, as expectativas do titular dos dados e a necessidade de medidas que mitiguem eventuais danos aos titulares.

O *LIA* pode ser realizado em 3 (três) etapas: a) Teste de Legitimidade – verifica se existe uma situação concreta e se há uma finalidade legítima, lícita, adequada e proporcional; b) Teste de Necessidade – verifica se existe outra base legal que seria mais adequada e se estão sendo tratados apenas os dados estritamente necessários; e c) Teste do Balanceamento – verifica se o uso dos dados está de acordo com a legítima expectativa do titular e se estão sendo observados os direitos e liberdades fundamentais dele. Ainda, podemos considerar uma quarta etapa, a qual consiste na adoção de salvaguardas a fim de garantir a transparência do tratamento e a disponibilização de mecanismos de oposição *(opt-out)* e de mitigação de riscos (anonimização, por exemplo).

[52] BRASIL. Lei nº 13709 de 14 de agosto de 2018. Lei Geral de Proteção de Dados Pessoais (LGPD). **Palácio do Planalto Presidência da República**, Brasília, DF, 14 ago 2019. Artigo 6, III. Disponível em: http://www.planalto.gov.br/ccivil_03/_ato2015-2018/2018/lei/L13709.htm. Acesso em: 28 jan 2020.

[53] ICO. **How do we apply legitimate interests in practice? ICO.** Disponível em: <https://ico.org.uk/for-organisations/guide-to-data-protection/guide-to-the-general-data-protection-regulation-gdpr/legitimate-interests/how-do-we-apply-legitimate-interests-in-practice/> Acessado em: 23 ago 2019.

Caso não seja possível realizar o tratamento com base no legítimo interesse ou outra base legal, deverá ser obtido o consentimento do titular, nos termos do que foi abordado neste capítulo, observando-se as seguintes etapas: a) revisão das listas de marketing e base de dados para obter evidências de consentimento; b) atualização dos consentimentos que não estejam em *compliance* com a LGPD; c) exclusão de todos os dados pessoais nos quais o consentimento não seja adequado; d) manutenção e guarda dos registros de consentimentos obtidos; e e) implementação e atualização de políticas e procedimentos, inclusive referentes à revogação do consentimento fornecido anteriormente.

Entretanto, apesar de todos os ensinamentos trazidos pela GDPR, o efetivo impacto da LGPD sobre o envio de *e-mail* marketing ainda é desconhecido, devido às diferenças existentes entre as duas legislações, principalmente com relação à maior flexibilidade que lei brasileira possui em comparação à lei europeia.

Independentemente da base legal cabível, é essencial que as empresas de *e-commerce* respeitem sempre a finalidade para a qual o dado foi coletado, registrando todas as operações de tratamento e adotando medidas aptas a garantir a segurança do fluxo de dados pessoais.

Conclusões

Pelo exposto neste trabalho resta evidente que o impacto da LGPD afetará todas as organizações brasileiras, inclusive os *e-commerces* e o modo como ofertam seus produtos e serviços, principalmente no que se refere ao marketing direto eletrônico por meio do envio de *e-mail* marketing.

A influência da GDPR é evidente, sendo que a LGPD é vista por muitos como a versão nacionalizada da GDPR. Sem dúvidas a comparação entre a GDPR e a LGPD traz grande valor prático, uma vez que a GDPR pode ser aplicada às empresas brasileiras, tendo em vista que seu escopo territorial abrange quaisquer dados pessoais coletados de pessoais naturais que se encontram na União Europeia. Assim, as semelhanças entre ambas as normas auxiliam na adequação das empresas que atuarem ao mesmo tempo no escopo da GDPR e da LGPD.

Com base na GDPR e nas interpretações das autoridades de proteção de dados na União Europeia, se deduz que o consentimento não é a única base legal para o envio de marketing direito eletrônico através de *e-mail* marketing, sendo dispensado para as situações que se enquadram nas hipóteses de legítimo interesse das organizações.

Entretanto, apenas importar os entendimentos da GDPR e aplicá-los à interpretação da LGPD pode ser perigoso, não apenas pelas diferenças existentes entre as legislações, mas também pelas adaptações referentes às questões culturais, sociais e econômicas. Além de se observar como a União Europeia vem se adaptando à sua nova legislação de proteção de dados pessoais, é necessário adequar a legislação local à cultura e ao momento socioeconômico brasileiro.

Apesar de a LGPD ainda não estar em vigor, o que deve ocorrer em agosto de 2020 ou maio de 2021, conforme conversão ou não da Medida Provisória 959/2020 em lei[54], o vasto número de mudanças que ela propõe impõe um desafio relevante para o setor de comércio eletrônico no Brasil, principalmente no

[54] A Medida Provisória 959/2020 deverá ser convertida em lei, por votação do Congresso Nacional, até 27/08/2020 para que se mantenha em vigor e não caduque após o prazo de 120 dias contatos da sua publicação. Entretanto, com o prosseguimento do trâmite do PL 1179/2020, após a votação na Câmara dos Deputados, o projeto retornou ao Senado que, em nova votação, suprimiu o dispositivo que tratava da prorrogação da vigência da Lei para maio de 2021, mantendo apenas a prorrogação das sanções para agosto de 2021. Se a MP 959/2020 não for convertida em lei, a LGPD entrará em vigor em 16 de agosto de 2020 (vigência que era prevista antes do início da pandemia). Do caso contrário, se houver a conversão da MP em lei, a LGPD entrará em vigor em 03 de maio de 2021.

que se refere à adequação dos meios de coleta e tratamento de dados pessoais. As organizações precisarão não só reformular os seus procedimentos internos, mas principalmente a cultura relacionada à forma com os dados são processados, preparando-se para uma nova realidade regulatória.

Deve-se encarar a adequação à LGPD como um diferencial competitivo para as organizações, uma vez que, uma das possíveis consequências será o fortalecimento da confiança e da segurança dos titulares dos dados, gerando um crescimento relevante na reputação e na imagem da empresa perante o mercado e a sociedade.

Referências

CAPEM. **Código de autorregulamentação para a prática de e-mail marketing.** CAPEM. 13 ago 2009. Disponível em: <http://www.capem.org.br/codigo.php>. Acesso em 01 ago 19.

CHENG. Diana. **Faturamento no e-commerce pode crescer 16% em 2019, diz ABComm**. Money Times. 18 jan. 2019. Disponível em: https://moneytimes.com.br/fast/faturamento-no-e-commerce-pode-crescer-16-em-2019-diz-abcomm/. Acesso em 11 abr 2019.

European Commision. **GDPR in numbers**. Disponível em: https://ec.europa.eu/commission/sites/beta-political/files/infographic-gdpr_in_numbers_1.pdf. Acessado em 31 ago 2019.

IBGE. **Pesquisa Nacional por Amostra de Domicílios Contínua 2016/2017**. Disponível em: <https://biblioteca.ibge.gov.br/visualizacao/livros/liv101631_informativo.pdf>. Acesso em 11 abr 2019.

ICO. **Direct marketing checklist.** ICO. Disponível em: <https://ico.org.uk/media/for-organisations/documents/1551/direct-marketing-checklist.pdf>. Acessado em: 21 ago 2019.

ICO. **Direct Marketing Guidance.** ICO. Disponível em: <https://ico.org.uk/media/1555/direct-marketing-guidance.pdf>. Acessado em: 21 ago 2019.

ICO. **How do we apply legitimate interests in practice?** ICO. Disponível em: <https://ico.org.uk/for-organisations/guide-to-data-protection/guide-to-the-general-data-protection-regulation-gdpr/legitimate-interests/how-do-we-apply-legitimate-interests-in-practice/> Acessado em: 23 ago 2019.

ICO. Supervisory Powers of the Information Commissioner. Monetary Notice. Disponível em: <https://ico.org.uk/media/action-weve-taken/mpns/2013732/mpn-honda-europe-20170320.pdf>. Acessado em: 20 ago 2019.

MALDONADO. Viviane Nóbrega; BLUM. Renato Opice. **Comentários ao GDPR. Lei Geral de Proteção de Dados Comentada.** 1 ed. São Paulo: Revista dos Tribunais, 2019.

ÖMAN. Sören. **Implementing Data Protection in Law.** ÖMAN. Disponível em: http://www.scandinavianlaw.se/pdf/47-18.pdf. Acesso em: 20 ago. 2019.

TORRES, Cláudio. Conceitos de marketing digital. In: **A Bíblia do Marketing Digital: tudo o que você queria saber sobre marketing e publicidade na internet e não tinha a quem perguntar.** 1 ed. São Paulo: Novatec Editora, 2009.

TURCHI, Sandra R. **Estratégias de marketing digital e E-commerce.** 1 ed. São Paulo: Atlas, 2012.

Legislação

ARGENTINA. Lei nº 25.326, de 04 de outubro de 2000. Disposiciones Generales. Principios generales relativos a la protección de datos. Derechos de los titulares de datos. Usuarios y responsables de archivos, registros y bancosde datos. Control. Sanciones. Acción de protección de los datos personales. Disponível em: http://www.oas.org/es/sla/ddi/docs/A7%20ley%20protecci%C3%B3n%20de%20datos.pdf. Acesso em 20 ago 2019.

BRASIL, Constituição da República Federativa do Brasil de 1.988. **Palácio do Planalto Presidência da República**, Brasília, DF. Disponível em: http://www.planalto.gov.br/ccivil_03/constituicao/constituicao.htm. Acesso em: 01 ago 2019.

BRASIL. Decreto nº 8.771, de 11 de maio de 2016. **Palácio do Planalto Presidência da República**, Brasília, DF, 11 mai 2016. Art. 14º, I. Disponível em: http://www.planalto.gov.br/ccivil_03/_ato2011-2014/2014/lei/l12965.htm. Acesso em: 01 ago 2019.

BRASIL. Lei nº 8078 de 11 de setembro de 1990. Dispõe sobre a proteção do consumidor e dá outras providências. **Palácio do Planalto Presidência da República**, Brasília, DF, 12 fev. 1990. Disponível em: http://www.planalto.gov.br/ccivil_03/leis/l8078.htm. Acesso em: 01 ago 2019.

BRASIL. Lei nº 12965 de 23 de abril de 2014. Estabelece princípios, garantias, direitos e deveres para o uso da Internet no Brasil. **Palácio do Planalto Presidência da República**, Brasília, DF, 23 abr 2014. Disponível em:

http://www.planalto.gov.br/ccivil_03/_ato2011-2014/2014/lei/l12965.htm. Acesso em: 01 ago 2019.

BRASIL. Lei nº 13709 de 14 de agosto de 2018. Lei Geral de Proteção de Dados Pessoais (LGPD). **Palácio do Planalto Presidência da República**, Brasília, DF, 14 ago 2019. Disponível em: http://www.planalto.gov.br/ccivil_03/_ato2015-2018/2018/lei/L13709.htm. Acesso em: 30 ago 2019.

BRASIL. Lei nº 13853 de 08 de julho de 2019. Altera a Lei nº 13.709, de 14 de agosto de 2018, para dispor sobre a proteção de dados pessoais e para criar a Autoridade Nacional de Proteção de Dados; e dá outras providências. **Palácio do Planalto Presidência da República**, Brasília, DF, 09 jul 2019 Disponível em: http://www.planalto.gov.br/ccivil_03/_Ato2015-2018/2018/Lei/L13709.htm. Acesso em: 30 ago 2019.

PARLAMENTO EUROPEU. Diretiva 95/46/CE de 24 de outubro de 1995. Relativa à proteção das pessoas singulares no que diz respeito ao o tratamento de dados pessoais e à livre circulação desses dados. EUR-Lex. Disponível em: https://eur-lex.europa.eu/legal-content/PT/ALL/?uri=CELEX%3A31995L0046 Acesso em: 30 ago. 2019.

PARLAMENTO EUROPEU. Regulation (EU) 2016/679, General Data Protection Regulation – GDPR, de 27 de abril de 2016. EUR-Lex. Disponível em: https://gdpr-info.eu. Acesso em: 30 ago. 2019.

Outras obras

MALDONADO. Viviane Nóbrega; BLUM. Renato Opice. **Comentários ao GDPR**. Regulamento Geral de Proteção de Dados da União Europeia. 1 ed. São Paulo: Revista dos Tribunais, 2018.

PINHEIRO. Patricia Peck. **Proteção de Dados Pessoais – Comentários à Lei nº 13.709/2018 (LGPD).** 1 ed. São Paulo: Saraiva, 2018.

TORRES, Cláudio. A Bíblia do **Marketing Digital: tudo o que você queria saber sobre marketing e publicidade na internet e não tinha a quem perguntar.** 1 ed. São Paulo: Novatec Editora, 2009.

Métodos de Resolução de Disputas com *Smart Contracts* e *Blockchain*: uma Análise da Plataforma *Kleros*

Bruno Figueiroa Correa de Oliveira Andrade

Introdução

A utilização em larga escala de *smart contracts,* registrados em rede *Blockchain* vem crescendo a cada dia e, com ela, a necessidade de se aprofundar a discussão sobre a matéria. *Smart contracts,* ou contratos inteligentes, como são usualmente conhecidos, são contratos que possuem autonomia para serem executados automaticamente, sem a necessidade de uma intervenção humana, seja de terceiros ou mesmo das partes nele relacionadas.

Isto é, uma vez preenchidos os requisitos para a concretização do negócio, ele é automaticamente executado, sem que qualquer pessoa possa evitar, ou mesmo alterar, a consecução do negócio para o qual foi programado. Apesar de, aparentemente, exigir grande complexidade, diversos exemplos de contratos inteligentes já existem em nosso dia a dia e fazem partes de nossa rotina, sem que tenhamos ciência de sua existência. É o caso, por exemplo, das máquinas de bebidas e refrigerantes, que, ao perceber o depósito de certa quantia em dinheiro, automaticamente dispensa o item selecionado.

Evidentemente, com a crescente utilização de novas tecnologias, o conceito de *smart contracts* gradativamente deixou os ambientes *off-line*, para assumir protagonismo também no universo digital, principalmente em redes *Blockchain*, através da programação de comandos autoexecutáveis, mediante o preenchimento de determinadas condições ou requisitos.

Tamanha autonomia e facilidade na execução das obrigações, contudo, é passível de grandes discussões. É que os contratos inteligentes, por óbvio, não conseguem dirimir controvérsias de natureza subjetiva, justamente por não possuírem uma linguagem ambígua, capaz de múltiplas interpretações. Contratos inteligentes, por natureza, são programados para executarem funções específicas, o que retiram a possibilidade de interpretação das cláusulas (ou comandos) ali descritos, como ocorre nos contratos tradicionais.

A tecnologia *Blockchain*, por outro lado, possui como uma de suas características primordiais a descentralização de sua plataforma, sem nenhuma autoridade central a ela vinculada. Todos os usuários são completamente integrados uns aos outros, permitindo uma interação em tempo real entre todos os usuários. Como, então, pensar numa forma de resolução de conflito, decorrente da utilização de *smart contracts*, onde não há espaço para uma linguagem ambígua, diante desse mundo exponencial, cada vez mais descentralizado? É para esse questionamento que se destina o presente trabalho.

Abordaremos, no primeiro capítulo, os aspectos da tecnologia *Blockchain*. Criada como uma plataforma subjacente ao *Bitcoin*, a primeira dentre as milhares criptomoedas já criadas, essa tecnologia aos poucos adquiriu vida própria e é considerada uma tecnologia capaz de fomentar várias outras. Veremos, nesse capítulo, toda a evolução histórica dessa tecnologia, até chegar a Ethereum, *Blockchain* responsável pela proliferação dos *smart contratcs* no mundo digital.

Em seguida, estudaremos os conceitos, definições e características dos *smart contracts*, bem como sua aplicação prática e potenciais utilidades possíveis e ainda inimagináveis de serem experimentadas dentro da rede *Blockchain*. Ao contrário do que muito é imaginado, os *smart contracts* não surgiram em razão do *Blockchain* e são até mesmo mais anteriores a esta tecnologia, como já exemplificamos anteriormente.

Por fim, estudaremos a plataforma *Kleros*, responsável pela resolução de conflitos em *smart contracts* concebidos dentro da tecnologia *Blockchain*. Estudaremos o seu funcionamento, suas teorias utilizadas para induzir os jurados à melhor decisão e demais características dessa plataforma que trouxe – e certamente ainda irá trazer – grandes avanços às soluções de conflitos. Através destes contratos inteligentes, é possível que conflitos sejam iniciados e encerrados em poucos dias, conferindo uma maior segurança jurídica às relações, e propiciando um acesso à justiça de forma rápida, acessível, confiável e efetiva.

1. *Blockchain*: aspectos gerais da tecnologia

Criada em 2008, pelo pseudônimo Satoshi Nakamoto[1], para permitir a execução de uma moeda virtual descentralizada denominada *Bitcoin*, a tecnologia *Blockchain* pode ser entendida como um banco de dados distribuído, mantido e gerido de forma compartilhada e descentralizada, onde todos os participantes são responsáveis por armazenar e manter as informações nele existentes[2].

[1] NAKAMOTO, Satoshi. **Bitcoin: A Peer-to-Peer Electronic Cash System.** Disponível em: <https://bitcoin.org/bitcoin.pdf>. Acesso em: 02/09/2019.

[2] FORMIGIONI FILHO, José Reynaldo; BRAGA, Alexandre Mello; LEAL, Rodrigo Lima Vede. **Tecnologia Blockchain: Uma visão Geral.** p. 6. Disponível em: <https://www.cpqd.com.br/wp-content/uploads/2017/03/cpqd-whitepaper-blockchain-impresso.pdf>. Acesso em: 02/09/2019.

Todas as informações registradas no *Blockchain* são criptografadas e armazenadas em blocos, que são ligados uns aos outros de forma cronológica, formando uma cadeia (daí o nome *Blockchain*, tradução livre do termo 'cadeia de blocos'). Após inseridas na plataforma, as informações não podem ser simplesmente editadas ou reescritas pelos usuários, é preciso que haja um novo registro na plataforma, com a expressa indicação do que foi alterado, por quem e quando.[3]

Os blocos são interligados entre si através de "*hashes*", que são um conjunto de dados criptografados, de tal forma que cada bloco subsequente sempre conterá o *hash* criptográfico do bloco anterior (ver Figura 1 abaixo). Assim, a informação contida em cada bloco será sempre sólida e de fácil verificação dos usuários, os quais, por sua vez, poderão transmitir e receber informações diretamente aos outros usuários da rede[4].

[3] Revoredo, Tatiana. **Blockchain e seu potencial de impactar a sociedade e criar modelos de negócio ainda inimagináveis**. Disponível em: <https://medium.com/global-blockchain-strategy/blockchain-e-seu-potencial-de-impactar-a-sociedade-e-criar-modelos-de-neg%C3%B3cio-ainda-inimagin%C3%A1veis-c0cf84bca31d>. Acesso em: 02/09/2019.

[4] Antunes, Thycyane Diniz. ***Bitcoin*: Possibilidade Jurídica De Aplicação Por Fundos De Investimento E De Constrição Judicial.** São Paulo, 2018. Disponível em: <http://dspace.insper.edu.br/xmlui/bitstream/handle/11224/2433/THYCYANE%20DINIZ%20ANTUNES_Trabalho.pdf?sequence=1>. Acesso em: 02/09/2019.

Figura 1: como funciona o *Blockchain*?

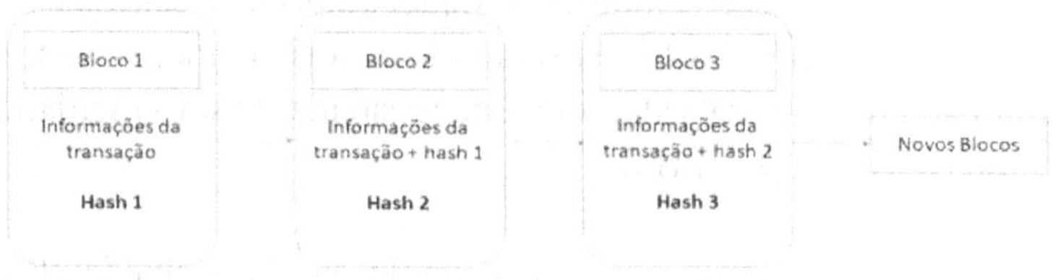

Fonte: Dicionário Financeiro[5].

Esse registro descentralizado e distribuído através de uma grande rede de computadores, naturalmente, reduz a capacidade de adulteração de dados, criando, assim, um ambiente de confiança entre os usuários com os dados inseridos na plataforma[6].

Nesse sentido, Don Tapscott e Alex Tapscott[7] afirmam que:

> A cada dez minutos, como o batimento cardíaco da rede Bitcoin, todas as transações realizadas são verificadas, liberadas e armazenadas em um bloco que está ligado ao bloco anterior, criando assim uma corrente. Cada bloco deve se referir ao anterior para ser válido. Essa estrutura marca permanentemente o momento e armazena as trocas de valor, impedindo que qualquer pessoa altere o livro-razão. Se quisesse roubar um Bitcoin, você terá de reescrever toda a história da moeda no Blockchain em plena luz do dia. Isso é praticamente impossível.

[5] DICIONÁRIO FINANCEIRO. Disponível em: <https://www.dicionariofinanceiro.com/blockchain/>. Acesso em: 02/09/2019.

[6] REVOREDO, Tatiana. op. cit.

[7] TAPSCOTT, Don, TAPSCOTT, Alex. ***Blockchain Revolution*: Como a tecnologia por trás do *Bitcoin* está mudando o dinheiro, os negócios e o mundo.** São Paulo: SENAI-SP, 2017. p. 45.

Dessa maneira, pela própria natureza pela qual foi concebido, o *Blockchain* prescinde de qualquer autoridade central para o seu funcionamento. Ele é executado de forma independente, por cada usuário da rede, sem a necessidade de ser vinculado a uma autoridade central.

> Cada Blockchain, como o que usa Bitcoin, é distribuído: ele é executado em computadores fornecidos por voluntários ao redor do mundo; não há nenhuma base de dados central para hackear. O Blockchain é público: qualquer pessoa pode vê-lo a qualquer momento, pois reside na rede e não dentro de uma única instituição encarregada de operações de auditoria e manutenção de registos.[8]

A existência de uma estrutura descentralizada, sem a necessidade de um servidor único em que as bases de dados são vinculadas, por si só, foi responsável por causar uma grande ruptura na perspectiva socioeconômica vista nos modelos atuais da sociedade, ampliando significativamente as formas de utilização dessa tecnologia, antes criada apenas como uma infraestrutura subjacente ao *Bitcoin*, e, agora, passando a assumir vida própria[9].

Na visão de Felipe Oliveira de Castro Rodriguez Alvarez[10]:

> É desta descentralização de dados que a sociedade, mesmo a tecnológica, ainda não está acostumada a lidar. A única condição

[8] Ibidem, p. 44.

[9] REVOREDO, Tatiana. *Blockchain* Como Uma Arquitetura Reguladora: Smart Contracts Como Ferramenta ao Direito. *In*: LIMA, Amanda (Org.). **Revista Criptomoedas e *Blockchain* Descomplicadas para Advogados.** São Paulo: Enlaw, 2019. p. 15.

[10] ALVAREZ, Felipe Oliveira de Castro Rodriguez. Novas Tecnologias: O Direito E O Diálogo Com O Blockchain – Perspectivas Jurídicas Sob O Prisma Do Direito Civil. **Revista de Direito e as Novas Tecnologias**, vol. 2, 2019. Jan-Mar/2019. DTR\2019\26038. p. 02.

do usuário será o acesso à Internet. Até mesmo um usuário com um celular poderá criar uma identificação digital e interagir com outros usuários dentro da rede de Blockchain.

Isto é, através de uma rede descentralizada, com interação ponto a ponto (*peer-to-peer*) entre os usuários, onde todos os blocos da cadeia são verificados e não podem ser adulterados, não seria mais preciso existir agentes intermediadores (advogados, instituições financeiras, órgãos públicos, etc.) nas relações comerciais para validar as informações alegadas por cada parte para, só então, se estabelecer a mútua confiança necessária ao negócio. Nesse caso, há uma interação direta, permitindo às próprias partes conferir diretamente a autenticidade ou validade das informações que desejassem, caso armazenadas em redes *Blockchain*.

Tatiana Revoredo[11] exemplifica bem a questão, ao abordar hipótese em que se pretende verificar se determinada pessoa é legítima proprietária de imóvel:

> Tais intermediários constroem a confiança entre as partes e são capazes de verificar, por exemplo, que "*sim, Maria é a legítima proprietária deste imóvel*". Ora, essa abordagem limita a exposição e o risco, mas também adiciona outro passo à troca. E isto significa mais tempo e dinheiro gastos. Se as informações sobre a propriedade do imóvel de Maria fossem armazenadas em blockchain, o intermediário não seria mais necessário. [...] Assim, Maria poderia simplesmente mostrar a informação do título de propriedade do imóvel garantida no blockchain. Maria pouparia, assim, tempo e dinheiro consideráveis com a interação direta.

[11] REVOREDO, Tatiana. op. cit.

Tais características de armazenamento de dados invioláveis e transparentes, com interação direta entre os usuários, até então nunca antes vistas no mundo digital, conferiram ao *Blockchain* extrema confiança e possibilidade de revolucionar a forma como acessamos, verificamos e transacionamos uns com os outros[12].

Isso permitiu com que a tecnologia fosse usada muito além do que simplesmente manter registros de transações em criptoativos e passasse a assumir atividades que antes só eram possíveis de forma analógica, tal como o já citado exemplo de verificação de propriedade de imóvel, para até mesmo ser implementada de maneiras até então inimagináveis. Dessa forma, com a utilização da tecnologia *Blockchain*, tudo o que permanecia no mundo *off-line* pode agora ser criado e mantido *online*[13].

Este valor da tecnologia Blockchain, para além da função pela qual foi concebida, foi percebido por Vitalik Buterin, criador da Ethereum, considerado como uma das tecnologias *Blockchains* mais complexas já construídas[14], capaz de permitir o processamento de pequenos códigos de computador, que posteriormente foram denominados de "*smart contracts*" ou contratos inteligentes.

Com a utilização da Ethereum, qualquer pessoa pode escrever, armazenar e executar pequenos programas de computador através de uma rede baseada em *Blockchain*, de forma autônoma e independente do controle de qualquer indivíduo[15].

O grande diferencial do *Blockchain* da Ethereum é a sua tecnologia, a *Ethereum Virtual Machine* (EVM), que permite que os usuários escrevam a lógica de negócios e acordos em forma de

[12] Ibidem.

[13] Laurence, Tiana. ***Blockchain* para leigos**. Rio de Janeiro: Alta Books, 2019. p. 10.

[14] Ibidem, p. 55.

[15] Buterin, Vitalik. **Ethereum Whitepaper.** Disponível em: <https://github.com/ethereum/wiki/wiki/White-Paper>. Acesso em: 02/09/2019.

contratos inteligentes. Dessa forma, uma vez preenchidas as condições estabelecidas pelas partes, a informação é enviada para a rede e o contrato é executado automaticamente[16].

Um dos principais objetivos da criação da EVM, segundo afirma um dos responsáveis por sua definição, Gavin Wood[17], foi facilitar transações entre pessoas que, de outra forma, não teriam meios de confiar umas nas outras, em razão de diversos fatores, desde a separação geográfica ou até mesmo a corrupção dos sistemas jurídicos existentes. Assim, segundo afirma, ao arquitetar um sistema em que se possa esperar que os acordos sejam aplicados automaticamente, sem requerer uma intervenção humana para tanto, é possível fornecer um meio para esse fim.

Dessa forma, como explica Amanda Lima[18]:

> [...] quando um contrato inteligente está sob uma tecnologia *Blockchain*, não é mais necessário preocupar-se com fraudes no transcorrer do processo dessas regras de interação. Passa-se, desse modo, à implementação dos contratos inteligentes, atribuindo-se segurança a negócio executados por algoritmos, seja nos setores privados, seja nos setores públicos da sociedade.

Com isso, expandiu-se consideravelmente o leque de possibilidades de utilização da tecnologia, para permitir não apenas a descentralização do dinheiro, mas sim de qualquer aplicação que se consiga compactar e criptografar[19].

[16] LIMA, Amanda. *Blockchain* e *Smart Contracts:* maior segurança, menor risco. *In:* MALDONADO, Viviane; FEIGELSON, Bruno (coord.). **Advocacia 4.0**. São Paulo: Thomson Reuters Brasil, 2019. p. 106

[17] WOOD, Gavin. ***Ethereum*: A Secure Decentralised Generalised Transaction Ledger**. Disponível em: <https://gavwood.com/paper.pdf>. Acesso em: 07/09/2019.

[18] LIMA, Amanda. op. cit., p. 107.

[19] LIMA, Amanda. op. cit., p. 106.

Atualmente, já existem mais de 2.000 criptoativos com a capacidade de armazenar informações de diversas naturezas em redes *Blockchains*, trazendo inovação para diversos setores do mercado. Assim, a tecnologia *Blockchain*, aos poucos, tem se tornado uma tecnologia fundamental, capaz de potencializar o surgimento de diversas outras ainda inimagináveis[20].

É a combinação desses fatores (forma distribuída e transparente de armazenamento; a confiança dos dados armazenados; interação direta entre os usuários; e o caráter de tecnologia de núcleo) que, segundo Tatiana Revoredo[21], dá às tecnologias *Blockchain* o potencial de impactar profundamente relações de governança, modos de vida, modelos corporativos tradicionais, instituições em escala global e a sociedade como um todo.

2. *Smart contracts*: definição, conceito e características

Apesar de terem se intensificado com o surgimento da tecnologia *Blockchain*, é bem verdade que os *smart contracts*, ou contratos inteligentes em português, já existiam muito antes da criação da tecnologia de Nakamoto. A expressão ficou conhecida ainda na década de 90, através do cientista da computação e jurista Nick Szabo, que imaginou novas formas de práticas comerciais adequadas ao comércio eletrônico na internet[22], ao permitir que os contratos pudessem ser auto executáveis, aumentando a confiança e efetividade das relações e, em contrapartida, reduzindo a ambiguidade das relações comerciais tradicionais.

Diversos tipos de *smart contracts* são utilizados diariamente em nossas vidas cotidianas, sem que muitas vezes tenhamos percebido da existência de um contrato inteligente, tal como

[20] Revoredo, Tatiana. op. cit.

[21] Ibidem.

[22] Szabo, Nick. ***Formalizing and Securing Relationships on Publick Networks.*** First Monday, 1997. Disponível em: <https://ojphi.org/ojs/index.php/fm/article/view/548/469#*>. Acesso em: 10/09/2019.

classificado por Szabo. Um dos exemplos mais tradicionais de *smart contracts*, como já mencionado, são as máquinas de vendas de bebidas e refrigerantes, em que a máquina só dispensará o produto após a inserção de dinheiro. Neste caso, enquanto que, nos contratos tradicionais, as partes se reuniriam para estabelecer as premissas da operação e formalizar através de um instrumento, nesta hipótese de contrato inteligente, o comprador bastaria manifestar a intenção de celebrar um contrato, depositando o dinheiro na máquina e, uma vez colocado, o contrato não poderia mais ser revertido, ou seja, não haverá possibilidade de retratação ou arrependimento[23].

Além destes, diversos outros tipos de exemplos de *smart contracts*, antes do surgimento do *Blockchain*, são possíveis de se imaginar, como bloqueio de telefone automático por provedores de telecomunicações, carros que incorporam limitações de velocidade automatizadas, etc.

Aqui, é importante fazer um parêntese para uma importante distinção terminológica acerca do termo "contratos". Como ensina Fábio Ulhoa Coelho[24]:

> Para se entender a relação entre contrato e obrigação, é necessário partir-se da diferença entre, de um lado, o vínculo que une duas ou mais pessoas no sentido de as autorizar a exigirem determinada prestação de uma das outras, e, de outro, o documento comprobatório da existência deste vínculo.

[23] GALLIO, Alex Sander; GALLIO, Andressa Karina Pfeffer. O impacto do *Blockchain* nas Relações Sociais Contemporâneas. *In*: LIMA, Amanda (Org.). **Revista Criptomoedas e *Blockchain* Descomplicadas para Advogados**. São Paulo: Enlaw, 2019. p. 99.

[24] COELHO, Fábio Ulhoa. **Novo manual de direito comercial: direito de empresa**. 29. ed. São Paulo: Revista dos Tribunais, 2017. p. 167.

Dessa forma, como bem preceitua Amanda Lima, o termo adequado "para que pudéssemos pensar nas consequências entre a vontade de duas ou mais partes, executadas através de lógica computacional, seria 'obrigação inteligente', e não 'contrato inteligente'"[25].

Neste mesmo sentido:

> um smart contract não é propriamente um contrato, mas um tipo "inteligente" de instrumento contratual – um meio, uma ferramenta, uma forma de contratação. O contrato inteligente substitui o instrumento em papel – ou ao menos a sua versão em prosa humana – por um equivalente baseado em algoritmos, a linguagem utilizada por computadores.[26]

Contudo, apesar da problemática de sua terminologia, o fato é que a partir do surgimento da tecnologia *Blockchain*, o uso de *smart contracts* se intensificou em larga escala. A utilização de contratos inteligentes em redes *Blockchains* serviu para dar confiança à auto execução desses contratos, com a imutabilidade de suas informações.

A partir de então, tais contratos inteligentes baseados em *Blockchain* tornaram-se mais sofisticados que os meios tradicionais, por serem autônomos e independentes, sem necessitar de nenhum terceiro para operar ou ser controlado[27].

Dessa forma, os *smart contracts* atuais, segundo conceituam Alex Sander Gallio e Andressa Karina Pfeffer Gallio[28], são "executados no *Blockchain*, como Ethereum, sendo que, após a

[25] Lima, Amanda. op. cit., p. 105.

[26] Moreira, Rodrigo. Investigação Preliminar Sobre o *Blockchain* e os *Smart Contracts*. **Revista de Direito e as Novas Tecnologias**, vol. 3, 2019. Abr-Jun/2019. DTR\2019\35393. p. 04.

[27] Revoredo, Tatiana. op. cit. p. 23.

[28] Gallio, Alex Sander; Gallio, Andressa Karina Pfeffer. Op. cit. p. 99.

ocorrência de um determinado evento, uma transferência será executada automaticamente.".

Isso indiscutivelmente aumentou a velocidade e a eficácia das relações comerciais tradicionais, causando severos impactos na sociedade, ao fornecer uma alternativa em que não mais seria preciso da intervenção de terceiros comumente utilizados para dar validade e confiança aos negócios.

> A utilidade prática dos contratos inteligentes é clara e eficiente. Serviços onerosos como confiança, contabilidade e controle de custódia de ativos serão massivamente simplificados, e o impacto altamente significante. Imagine nossa sociedade sem as denominadas serventias notariais e registrais (Registro Civil de Pessoas Naturais, de Pessoas Jurídicas, de Imóveis, de Títulos e Documentos, Tabelionato de Notas e Protestos), sem a burocracia exacerbada em todas as esferas públicas, que, para além de reduzir custos, aumentaria a celeridade e segurança nos negócios jurídicos em geral.[29]

Imagine, por exemplo, um caso de seguro viagem em que foi verificado um excesso de atraso no embarque do passageiro por tempo demasiado. Uma vez que o sistema da companhia aérea comunicar o sinistro na rede, em que a seguradora contratada também está habilitada, automaticamente autorizará o pagamento da indenização acordada[30].

Agora imagine uma situação em que as partes fazem um contrato de promessa de compra e venda. Esse contrato seria facilmente convertido em definitivo após a verificação de propriedade do bem (ver Figura 2 abaixo) e o pagamento do preço ajustado. Da mesma forma, garantias bancárias, em caso de

[29] Ibidem, p. 100.

[30] Ibidem, p. 99.

financiamento de veículos, podem ser facilmente executadas ou liberadas com determinado registro inserido na rede. Judicialmente, poderíamos imaginar a possibilidade de execução automática dos acordos e sentenças judiciais. As possibilidades são inúmeras e infinitas.

Figura 2: como funcionam os contratos inteligentes?

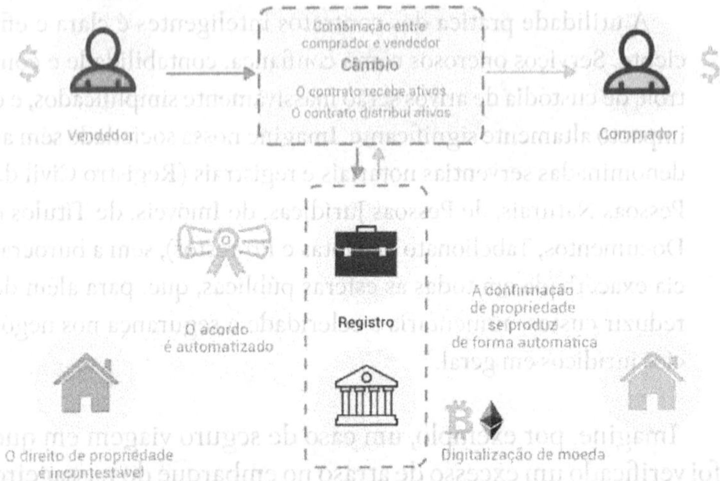

Fonte: Cardoso (2018)[31]

A figura acima exemplifica bem a hipótese de compra e venda de propriedade, conforme acima narrado. Automaticamente, após a verificação da propriedade, pelo vendedor, e o pagamento do preço, pelo comprador, a operação é automatizada e o negócio é concluído.

[31] Cardoso, Bruno. **Contratos inteligentes: descubra o que são e como funcionam**, 2018. Disponível em: <https://brunonc.jusbrasil.com.br/artigos/569694569/contratos-inteligentes-descubra-o-que-sao-e-como-funcionam>. Acesso em: 10/09/2019.

Assim, como afirma Danilton César Gomes da Silva, "a lógica dos contratos inteligentes ameniza o risco de inadimplemento contratual, dando maior grau de certeza ao cumprimento dos contratos, que é a sua finalidade principal." [32].

Em contratos tradicionais, em casos de inadimplência, é comum que as partes socorram a um terceiro responsável por realizar o papel de intermediador, que normalmente é o Estado. Assim, além de ter de confiar naqueles que fazem parte do negócio, as partes também precisarão confiar que o Estado terá capacidade de agir de modo efetivo, diante de conflito eventualmente existente. E mesmo que surjam outras alternativas de resolução de conflitos, diante da evidente ineficiência do Judiciário, a exemplo da mediação, conciliação, arbitragem ou até garantias contratuais, nenhuma delas eliminará de absoluto a necessidade de confiança na outra parte ou em intermediários.[33]

Por outro lado, *smart contracts* são capazes de se auto executarem independentemente das partes ou de terceiros, como ensina David Casz Schechtman[34]. Isto é, por serem, por natureza, autoexecutáveis, os contratos inteligentes garantem, por si só, o cumprimento do acordado pelas partes, sem ao menos possibilitar a qualquer das partes a hipótese de não cumprir o contrato. Assim:

> (...) ao contrário do Estado que tende a incentivar o cumprimento do contrato pela parte por meio da ameaça de sanção, os *smart contracts* buscam eliminar a necessidade de discricionarie-

[32] SILVA, Danilton César Gomes da. As possibilidades e a Validade Jurídica dos *Smart Contracts*. *In*: LIMA, Amanda (Org.). **Revista Criptomoedas e *Blockchain* Descomplicadas para Advogados.** São Paulo: Enlaw, 2019. p. 43.

[33] SCHECHTMAN, David Casz. Introdução a *Smart Contracts*. **Revista de Direito e as Novas Tecnologias**, vol. 4, 2019. Set/2019. DTR\2019\37739. p. 07.

[34] Ibidem.

dade humana para sua implementação, de modo a sequer possibilitar às partes a alternativa de não cumprir o acordado.[35]

Além disso, *smart contracts* registrados em redes *Blockchain* validam suas transações de maneira descentralizada e somente terá sua transação completa quando adicionado à cadeia, ou seja, a validação da transação não depende de nenhuma entidade, mas da rede como um todo. Em outras palavras, não é necessário confiar em um terceiro específico, mas na própria tecnologia, sem a necessidade de um intermediário.[36]

Os *smart contracts* ainda possuem uma característica peculiar, que lhes permitem interagir com humanos ou outros contratos inteligentes dentro da própria rede *Blockchain*. Isto é, podem formar grandes blocos de contratos inteligentes entre pessoas físicas ou jurídicas, como uma espécie de organismo vivo independente e autônomo[37]. Essa combinação de contratos inteligentes pode ser considerada como uma organização autônoma distribuída (tradução em português do termo "*Distributed Autonomous Organization*" – DAO).

Tatiana Revoredo exemplifica de forma clara o conceito dessas organizações:

> Uma DAO é uma organização autogovernada controlada única e exclusivamente por um conjunto de regras incorruptíveis. Um indivíduo pode decidir transacionar com o DAO para, por exemplo, receber o pagamento em troca de um serviço. Assim, uma DAO poderia, na prática, contratar pessoas ou contratos inteligentes para realizar tarefas específicas, e poderia potencialmente vender seus próprios serviços (ou recursos) para terceiros.[38]

35 Ibidem.
36 Ibidem.
37 REVOREDO, Tatiana. Op. cit. p. 23.
38 Ibidem.

Essas organizações podem ser ainda mais complexas diante do contexto da Internet das Coisas (IoT, *Internet of Things* em inglês), que vivemos atualmente, em que dispositivos conectados constituem a interface entre o mundo físico e digital. Assim, um determinado dispositivo pode ler o estado de uma tecnologia *Blockchain* e reagir às mudanças no mundo físico, como, por exemplo, um "carro inteligente", que só liga se o motorista possuir uma chave com criptografia válida[39].

São infinitas as possibilidades em que *smart contracts* poderão ser utilizados de forma benéfica – e até mesmo maléfica à sociedade. Como lembra Amanda Lima, até mesmo o próprio criador da Ethereum, Vitalik Buterin, asseverou que, no futuro, as principais tecnologias que serão desenvolvidas no Ethereum ainda sequer foram pensadas[40].

Apesar dos enormes benefícios, é certo que a implantação de contratos inteligentes em ambientes comerciais inevitavelmente causará conflitos. Seja em razão do código do contrato inteligente ser falho, indicar uma previsão mal elaborada ou mesmo ser executado de uma forma não pretendida por uma das partes, os conflitos são inevitáveis e fazem parte da vivência em sociedade.

Com a utilização de novas tecnologias descentralizadas, tal como o Blockchain, em largas escalas, a necessidade de uma plataforma de resolução dentro da própria rede será cada vez mais necessária, sobretudo considerando as opções de resolução de conflitos atualmente existentes, por vezes lentas e ineficazes, caras e inacessíveis, ou mesmo incompatíveis com o modelo descentralizado atualmente em expansão.

Em um mundo cada vez mais descentralizado, com a tecnologia *Blockchain* sendo utilizada de forma cada vez mais acen-

[39] Ibidem, p. 24.

[40] LIMA, Amanda. Op. cit. p. 108.

tuada, surge a necessidade de novas alternativas de solução de conflitos, dentro do mundo *online*, de forma adequada ao mundo que estamos vivendo.

E é aí que ganham força as plataformas de resolução de conflitos desenvolvidas dentro da própria rede *Blockchain*, como uma forma de solucionar disputas nascidas em relações de *smart contracts*. Tais plataformas, que serão objeto de estudo no próximo capítulo, possuem em seu DNA a possibilidade de resolução de disputas de forma descentralizada, rápida, segura e barata, sem que seja necessário sair da rede.

3. Resolução de conflitos através de *blockchain*: análise da plataforma *kleros*

3.1. Considerações iniciais

Como vimos, uma das características principais dos *smart contracts* é justamente a sua possibilidade de execução automática dos termos em que foi programado, independentemente de qualquer ato humano para produzir seus efeitos. Isto é, basta que seja registrado na rede, que, uma vez preenchidos os requisitos pré-estabelecidos, seus efeitos se consumarão automaticamente.

Os *smart contracts*, por natureza, por serem codificados, também não permitem uma linguagem ambígua, natural dos contratos tradicionais, de forma a permitir uma extensão de interpretações.

Mas e se existirem elementos subjetivos de alguma das partes, ou mesmo fora da rede *Blockchain*, capaz de afetar o objeto da execução do contrato? Como garantir, por exemplo, que as expectativas do contratante serão atingidas durante e após a execução do contrato? Os contratos inteligentes, portanto, embora sejam inteligentes o suficiente para permitir sua autoexecução, não dispõem de tecnologia suficiente para dirimir questionamentos dessa natureza.

Foi diante desse contexto que nasceram, dentro da tecnologia *Blockchain*, plataformas a exemplo da *Kleros*, que será estudada a seguir, como cortes descentralizadas para resolver conflitos decorrente de *smart contracts.*

3.2. *Kleros*

Criado pelos desenvolvedores Clément Lesaege, Federico Ast e William George, o *Kleros* é uma aplicação descentralizada, desenvolvida dentro da plataforma da Ethereum, que visa arbitrar disputas decorrentes de todo e qualquer contrato inteligente, do mais simples ao mais complexo, baseando-se em conceitos de teoria de jogos para induzir seus jurados a julgarem os casos corretamente. Como resultado, em poucos dias, se tem uma decisão justa, barata, confiável e de uma maneira descentralizada, ou seja, pelos próprios usuários da plataforma[41].

A teoria de jogos mencionada pelos autores consiste basicamente em uma solução que as pessoas tendem a usar para coordenar seu comportamento na ausência de comunicação. Isto é, segundo a teoria, uma pessoa, entre três que forem igualmente questionadas de uma mesma pergunta, sem que nenhuma delas se conheçam, tenderá naturalmente a dar a resposta mais adequada, já que espera que as outras façam o mesmo[42].

Para que seja possível utilizar a plataforma, é preciso que os *smart contracts* designem o *Kleros* como árbitros, em cláusula compromissória no contrato. As partes escolhem quantos jurados deverão participar da decisão e qual das cortes disponíveis, de acordo com o tema a ser analisado, deverá julgar o caso (são exemplos de cortes as de *e-commerce*, transportes e seguros) em caso de surgir eventual disputa[43].

[41] LESAEGE, Clément; AST, Federico; GEORGE, William. ***Kleros White Paper***. Disponível em: <https://kleros.io/whitepaper.pdf>. p. 01. Acesso em: 12/09/2019.
[42] Ibidem, p. 03.
[43] Ibidem.

Seguindo esse raciocínio, o *Kleros* sorteia aleatoriamente ao menos três jurados para participar do julgamento de cada caso, em que nenhum deles se conhecem ou tiveram qualquer contato. Além da indução natural em buscarem sempre a resposta correta, há também um estímulo econômico àquele que escolher a decisão mais acertada:

> Os usuários têm interesse econômico em servir como jurados em Kleros: coletando taxas de arbitragem em troca pelo trabalho deles. Os candidatos se auto-selecionam para atuar como jurados usando um token chamado *pinakion* (PNK).
>
> A probabilidade de ser escolhido como jurado para uma disputa específica é proporcional à quantidade de fichas que um jurado aposta. Quanto maior a quantidade de fichas que ele aposta, maior a probabilidade de ele será sorteado como jurado. Os jurados que não apostam no PNK não têm chance de serem sorteados. Este impede que jurados inativos sejam selecionados.
>
> O PNK desempenha duas funções principais no design do Kleros.
>
> Primeiro, protege o sistema de ataques [...].
>
> Em segundo lugar, o PNK oferece aos jurados o incentivo para votar honestamente, tornando jurados incoerentes, ou seja, jurados cujos votos não concordam com a decisão final, pagam parte de sua estaca a coerentes[44]. (LESAEGE, Clément; AST, Federico; GEORGE, William. 2019, p. 04, tradução livre)

[44] "Users have an economic interest in serving as jurors in Kleros: collecting arbitration fees in Exchange for their work. Candidates self-select to serve as jurors using a token called pinakion (PNK). The probability of being drawn as a juror for a specific dispute is proportional to the amount of tokens a juror stakes. The higher the amount of tokens he stakes, the higher the probability that he will be drawn as juror. Jurors that do not stake PNK do not have the chance of being drawn. This prevents inactive jurors from being selected. PNK plays two key functions in Kleros design. First, it protects the system against the

Imagine, portanto, a seguinte hipótese: Alice, empreendedora, residente na França, contrata Bob, desenvolvedor, que reside em Guatemala, em uma plataforma *peer-to-peer* de *freelancing* através de um *smart contract* registrado em uma rede *Blockchain*, para desenvolver um site para sua empresa. Após acordarem o valor do preço, termos e condições, Bob inicia os trabalhos. Semanas depois, Bob entrega o produto, mas abaixo da expectativa que Alice esperava, deixando-a insatisfeita com o trabalho. A partir daí, inicia-se uma disputa. Alice não deseja contratar um advogado, não só pelo custo, mas principalmente porque Bob encontra-se em outro lugar do planeta, dificultando a resolução do conflito por vias tradicionais[45].

Essa disputa, contudo, seria facilmente resolvida através do *Kleros*, por ser uma plataforma descentralizada de resolução de conflito. Bastaria, para tanto, que o contrato indicasse a plataforma como responsável em caso de eventual conflito e, assim, ocorrendo descontentamento por qualquer das partes, a questão seria submetida aos jurados integrantes da plataforma[46].

A descentralização da plataforma, na prática, permite que o caso seja julgado por outras pessoas em qualquer lugar no mundo, em fração de horas ou minutos. Os jurados se candidatam ao caso e são escolhidos pelo *Kleros* de acordo com a categoria de cada disputa, para julgar o caso. Não há qualquer exigência para que os jurados sejam advogados, juízes ou operadores do direito. Basta que tenham conhecimento técnico sobre o caso e desejem se candidatar a jurados[47].

sybil attack. [...] Second, PNK provides jurors the incentive to vote honestly3 by making incoherent jurors, i.e. jurors whose votes do not agree with the ultimate ruling, pay part of their stake to coherent ones"..

45 LESAEGE, Clément; AST, Federico; GEORGE, William. Op. cit. p. 03.

46 Ibidem.

47 Ibidem.

Uma vez iniciado o julgamento, os jurados são informados do caso e estimulados a buscarem a melhor decisão. Através da teoria de jogos e do estímulo econômico envolvido, os jurados que se posicionarem de forma minoritária, ou forem vencidos perante o voto dos demais, perdem o *token* adquirido, denominado *pinakion* (PNK), e deixam de receber a remuneração correspondente. Tudo para que sempre busquem obter a melhor decisão[48].

Já aqueles jurados que se posicionaram com a decisão predominante no caso, são remunerados com um percentual do valor do contrato.

Um detalhe importante é que os votos de cada jurado são baseados nas próprias hipóteses indicadas nos *smart contracts*. Não há possibilidade de argumentação. Os jurados simplesmente escolhem as opções de resolução da disputa indicadas no contrato, de acordo com a análise das evidências apresentadas[49].

Dessa forma, no caso apresentado, como o pagamento do contrato estaria vinculado à própria plataforma, os jurados iriam escolher prováveis opções pré-estabelecidas no contrato como, por exemplo, devolver o dinheiro a Alice, pagar a Bob pelo serviço executado ou dar um tempo adicional para Bob finalizar o serviço (ver Figura 3). Não há, portanto, qualquer possibilidade de fundamentação na decisão. Os jurados decidem de acordo com as hipóteses de solução do conflito já previstas no *smart contract* pelas partes e os efeitos da decisão desde logo se operam.

[48] Ibidem.

[49] Ibidem, p. 04.

Figura 3: como funciona o *Kleros?*

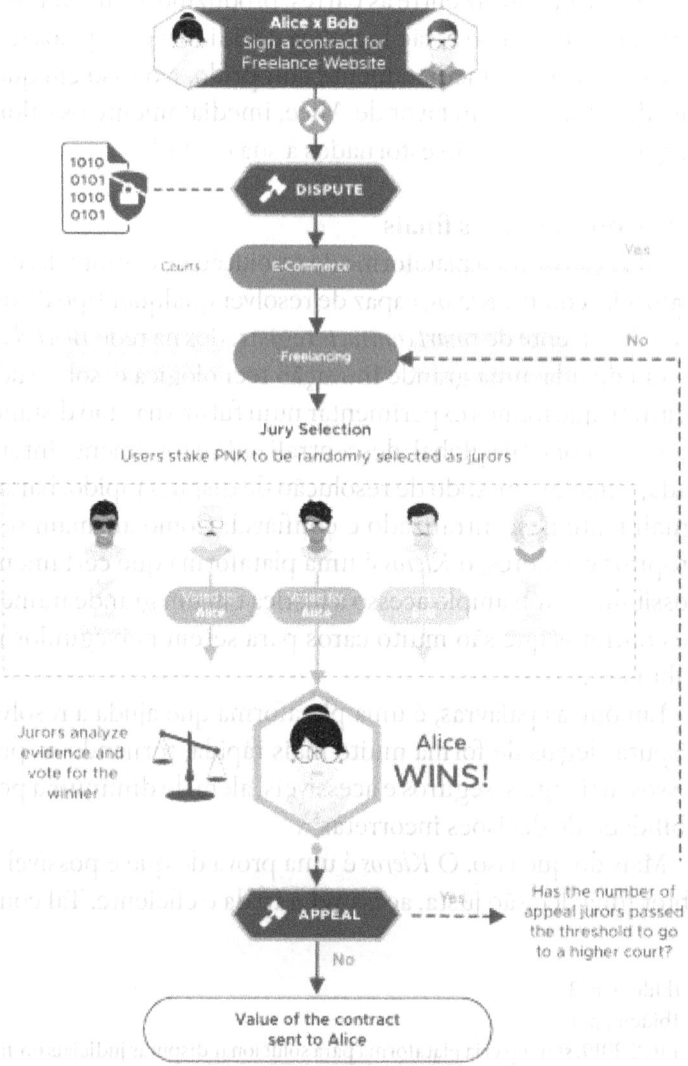

Fonte: Lesaege, Clément; Ast, Federico; George, William (2019)[50].

[50] Ibidem, p. 17.

Como resultado, em poucos dias já é possível se obter uma decisão justa e eficaz entre as partes, produzindo seus efeitos de forma imediata, isto é, tão logo seja decidido o caso pelos jurados, o contrato é imediatamente cumprido. No caso em questão, decidindo-se em favor de Alice, imediatamente os valores pagos pelo serviço são estornados à sua conta[51].

3.3. Considerações finais

A utilização de uma plataforma de resolução de conflito descentralizada, como o *Kleros*, capaz de resolver qualquer tipo de disputa decorrente de *smart contracts* registrados na rede *Blockchain* é, sem dúvida, uma grande inovação tecnológica e, sobretudo, cultural, que iremos experimentar num futuro não tão distante.

Uma economia global, descentralizada e totalmente interligada, exige um método de resolução de disputa rápido, barato, igualmente descentralizado e confiável. Como afirmam seus próprios criadores, o *Kleros* é uma plataforma que certamente possibilitará um amplo acesso à justiça em um grande número de contratos que são muito caros para serem perseguidos no tribunal[52].

Em outras palavras, é uma plataforma que ajuda a resolver disputas legais de forma muito mais rápida, tornando os processos mais ágeis, seguros e acessíveis, além de diminuir a possibilidade de decisões incorretas[53].

Mais do que isso. O *Kleros* é uma prova de que é possível se obter uma decisão justa, acessível, rápida e eficiente. Tal como

[51] Ibidem, p. 3.

[52] Ibidem, p. 15.

[53] FICE 2019: startup cria plataforma para solucionar disputas judiciais on-line usando Blockchain. **Época NEGÓCIOS, Pequenas Empresas & Grandes Negócios.** São Paulo. 2019. Disponível em: <https://epocanegocios.globo.com/FICE/noticia/2019/11/fice-2019-startup-cria-plataforma-para-solucionar-disputas-judiciais-line-usando-blockchain.html>. Acesso em: 31/01/2020.

a criação do *Bitcoin* causou uma grande disrupção no mercado financeiro, a utilização da rede *Blockchain* como forma de resolução de disputas oferece grande potencial ao *Kleros* de causar uma grande ruptura no sistema judiciário tradicional, que há muito já se apresenta ineficaz[54].

Enquanto que as cortes tradicionais se utilizam de um procedimento, onde evidências são apresentadas, para que só então um agente estatal (juiz) possa proferir uma decisão, no *Kleros* há a utilização de tecnologia *Blockchain* e teoria dos jogos para desenvolver um sistema de justiça que produz decisões verdadeiras de maneira segura e barata[55]. Ao contrário do sistema de resolução de conflitos tradicional, o *Kleros* não se baseia na honestidade dos indivíduos que compõem sua corte, mas na teoria dos jogos e na prática de incentivos econômicos que irão nortear os jurados à melhor decisão[56].

É isso que torna o *Kleros* diferente das demais formas de resolução de disputas atualmente existentes, caras e inacessíveis ou baratas e ineficazes, permitindo uma solução mais justa, rápida e eficaz do conflito, do mais simples ao mais complexo.

Como afirmou Frederico Ast, um dos fundadores do *Kleros*, em recente passagem pelo Brasil, a plataforma se utiliza de um conceito de inteligência coletiva para a criação de sistema de justiça rápido e acessível, de forma muito mais econômica e transparente[57].

Conclusões

Com o passar dos anos, tanto a utilização de redes *Blockchain*, quanto de contratos inteligentes tem se intensificado ao redor

[54] LESAEGE, Clément; AST, Federico; GEORGE, William. Op. cit. p. 15.

[55] Ibidem, p. 1.

[56] Ibidem.

[57] FICE 2019: startup cria plataforma para solucionar disputas judiciais on-line usando Blockchain. Op. cit.

do mundo. Métodos comerciais estão sendo moldados a essa nova realidade e os mercados, aos poucos, têm passado por intensas transformações para se adequar a esses novos conceitos, que vieram acompanhados de uma ruptura no modelo cultural e socioeconômico hoje existente.

Junto com a interação, quase que instantânea, dos usuários dessa nova realidade, há também o crescimento potencial do conflito entre os indivíduos, como decorrência natural da convivência humana. Desse modo, enquanto os métodos tradicionais de resolução de conflitos, há muito, já não conseguem resolver de forma efetiva os conflitos contemporâneos, como, então, solucionar de forma efetiva os conflitos que advirão da modernidade e dos novos tempos que se aproximam?

É preciso olhar para a frente e buscar formas de solução conflitos adequados à realidade exponencial que vivemos. O mundo cada vez mais descentralizado, semelhantes à realidade vista na tecnologia *Blockchain*, exige métodos de solução de conflitos equivalentes, que possa solucionar problemas futuros de forma rápida, segura, confiável e, sobretudo, justa, que seja acessível a todos.

Evidentemente, que não é isso o que esperamos do modelo de resolução de conflitos tradicionais, delegados ao poder estatal, claramente ineficiente e adstrito aos seus limites territoriais. É justamente diante desse cenário que soluções como o *Kleros* se apresentam à sociedade, como uma alternativa muito mais justa e eficaz de resolução de litígios, de forma descentralizada, completamente dissociada de qualquer intervenção estatal.

Com a promessa da tecnologia *Blockchain* cada vez mais se tornando realidade, a maior parte dos bens, trabalho e capital serão alocados para plataformas digitais descentralizadas, gerando conflitos naturalmente decorrentes desta nova forma de disposição social. É preciso estar atento às novas formas de convívio em sociedade e às infinitas possibilidades de conflitos daí decorrentes.

O presente trabalho foi elaborado para mostrar que esse futuro não só é possível, como já é presente. Uma plataforma justa, rápida e acessível já existe e é uma grande demonstração de que se pode permitir uma efetiva resolução de conflitos de forma mais adequada aos novos padrões sociais, cada vez mais conectado e descentralizado.

Referências

ALVAREZ, Felipe Oliveira de Castro Rodriguez. Novas Tecnologias: O Direito E O Diálogo Com O Blockchain – Perspectivas Jurídicas Sob O Prisma Do Direito Civil. **Revista de Direito e as Novas Tecnologias**, vol. 2, 2019. Jan-Mar/2019. DTR\2019\26038.

ANTUNES, Thycyane Diniz. ***Bitcoin*: Possibilidade Jurídica De Aplicação Por Fundos De Investimento E De Constrição Judicial**. São Paulo, 2018. Disponível em: <http://dspace.insper.edu.br/xmlui/bitstream/handle/11224/2433/THYCYANE%20DINIZ%20ANTUNES_Trabalho.pdf?sequence=1>. Acesso em: 02/09/2019.

BUTERIN, Vitalik. **Ethereum Whitepaper**. Disponível em: <https://github.com/ethereum/wiki/wiki/White-Paper>. Acesso em: 02/09/2019.

CARDOSO, Bruno. **Contratos inteligentes: descubra o que são e como funcionam**, 2018. Disponível em: <https://brunonc.jusbrasil.com.br/artigos/569694569/contratos-inteligentes-descubra-o-que-sao-e-como--funcionam>. Acesso em: 10/09/2019.

COELHO, Fábio Ulhoa. **Novo manual de direito comercial: direito de empresa**. 29. ed. São Paulo: Revista dos Tribunais, 2017.

DICIONÁRIO FINANCEIRO. Disponível em: <https://www.dicionariofinanceiro.com/blockchain/>. Acesso em: 02/09/2019.

FICE 2019: startup cria plataforma para solucionar disputas judiciais on--line usando Blockchain. **Época NEGÓCIOS, Pequenas Empresas & Grandes Negócios**. São Paulo. 2019. Disponível em: <https://epocanegocios.globo.com/FICE/noticia/2019/11/fice-2019-startup-cria-plataforma-para-solucionar-disputas-judiciais-line-usando-blockchain.html>. Acesso em: 31/01/2020.

FORMIGIONI FILHO, José Reynaldo; BRAGA, Alexandre Mello; LEAL, Rodrigo Lima Vede. **Tecnologia Blockchain: Uma visão Geral.** p. 6. Disponível em: <https://www.cpqd.com.br/wp-content/uploads/2017/03/cpqd-whitepaper-blockchain-impresso.pdf>. Acesso em: 02/09/2019.

GALLIO, Alex Sander; GALLIO, Andressa Karina Pfeffer. O impacto do *Blockchain* nas Relações Sociais Contemporâneas. *In*: LIMA, Amanda (Org.). **Revista Criptomoedas e *Blockchain* Descomplicadas para Advogados.** São Paulo: Enlaw, 2019.

LAURENCE, Tiana. ***Blockchain* para leigos.** Rio de Janeiro: Alta Books, 2019.

MOREIRA, Rodrigo. Investigação Preliminar Sobre o *Blockchain* e os *Smart Contracts.* **Revista de Direito e as Novas Tecnologias,** vol. 3, 2019. Abr-Jun/2019. DTR\2019\35393.

NAKAMOTO, Satoshi. **Bitcoin: A Peer-to-Peer Electronic Cash System.** Disponível em: <https://bitcoin.org/bitcoin.pdf>. Acesso em: 02/09/2019.

LESAEGE, Clément; AST, Federico; GEORGE, William. ***Kleros White Paper.*** Disponível em: <https://kleros.io/whitepaper.pdf>. p. 01. Acesso em: 12/09/2019.

LIMA, Amanda. Blockchain e Smart Contracts: maior segurança, menor risco. In: MALDONADO, Viviane; FEIGELSON, Bruno (coord.). **Advocacia 4.0.** São Paulo: Thomson Reuters Brasil, 2019.

REVOREDO, Tatiana. **Blockchain e seu potencial de impactar a sociedade e criar modelos de negócio ainda inimagináveis.** Disponível em: <https://medium.com/global-blockchain-strategy/blockchain-e-seu-potencial-de-impactar-a-sociedade-e-criar-modelos-de-neg%C3%B3cio-ainda-inimagin%C3%A1veis-c0cf84bca31d>. Acesso em: 02/09/2019.

REVOREDO, Tatiana. *Blockchain* Como Uma Arquitetura Reguladora: Smart Contracts Como Ferramenta ao Direito. *In*: LIMA, Amanda (Org.). **Revista Criptomoedas e *Blockchain* Descomplicadas para Advogados.** São Paulo: Enlaw, 2019.

SCHECHTMAN, David Casz. Introdução a *Smart Contracts.* **Revista de Direito e as Novas Tecnologias,** vol. 4, 2019. Set/2019. DTR\2019\37739.

SILVA, Danilton César Gomes da. As possibilidades e a Validade Jurídica dos *Smart Contracts. In*: LIMA, Amanda (Org.). **Revista Criptomoedas e *Blockchain* Descomplicadas para Advogados.** São Paulo: Enlaw, 2019.

SZABO, Nick. ***Formalizing and Securing Relationships on Publick Networks.*** First Monday, 1997. Disponível em: <https://ojphi.org/ojs/index.php/fm/article/view/548/469#*>. Acesso em: 10/09/2019.

TAPSCOTT, Don, TAPSCOTT, Alex. ***Blockchain Revolution*: Como a tecnologia por trás do *Bitcoin* está mudando o dinheiro, os negócios e o mundo.** São Paulo: SENAI-SP, 2017.

WOOD, Gavin. ***Ethereum*: A Secure Decentralised Generalised Transaction Ledger.** Disponível em: <https://gavwood.com/paper.pdf>. Acesso em: 07/09/2019.

Os Benefícios trazidos pelo Aprimoramento da Gestão Empresarial focada nos Direitos Humanos LGBTI+

Henrique Araújo Loureiro de Carvalho

Introdução

A questão do respeito e promoção dos direitos humanos de lésbicas, gays, bissexuais, travestis, transexuais, intersexuais e outras identidades de gênero e sexualidade não contempladas na atual sigla adotada, representada pelo "+" (LGBTI+) é um tema extremamente atual e um fator muito importante de ser analisado no mundo corporativo.

A discriminação e o preconceito são um dos problemas mais graves que uma empresa pode enfrentar e por isso já está ocorrendo uma mobilização em torno de algo que não tem mais como ignorar.

Por meio de um constante processo de aculturamento, boas práticas, iniciativas, programas, projetos e criação de políticas internas que visem o compromisso com o respeito às diferenças, o direito à igualdade e não discriminação, as empresas assumem o compromisso com o respeito e a promoção dos direitos humanos LGBTI+.

Os seus efeitos poderão influenciar cada vez mais o meio corporativo na união entre empresas e na adoção de práticas de respeito aos direitos humanos LGBTI+, conscientizando os seus *stakeholders*, como colaboradores, fornecedores e comunidade e mitigando o preconceito e a discriminação.

No primeiro capítulo do trabalho demonstra-se o reconhecimento de algumas empresas em torno do compromisso com o respeito e a promoção dos direitos LGBTI+, praticando a diversidade e a inclusão e tornando efetiva a Declaração Universal dos Direitos Humanos, bem como os direitos, princípios e garantias previstos na Constituição da República Federativa do Brasil de 1988. Posteriormente, discorre-se sobre a importância do aprimoramento da governança corporativa focada na diversidade e inclusão das pessoas LGBTI+.

Em seguida, no terceiro capítulo, evidencia-se que uma empresa engajada no respeito à diversidade e aos direitos humanos acredita na importância do tratamento igualitário a todos os funcionários, independentemente da sua orientação sexual (LGBTI+) e demonstra como a forma em que uma organização se relaciona com os seus *stakeholders* é determinante para o seu crescimento sustentável dentro do mercado em que atua.

No quarto capítulo aborda-se questões relacionadas à mudança organizacional e à inclusão da diversidade como fator estratégico de uma empresa. Discorre-se sobre como o tema diversidade está cada vez mais em destaque no mundo corporativo e contribui para a inovação, agregando valor para as empresas.

Após o tratamento de todos esses tópicos, o último capítulo aborda questões de discriminação por orientação sexual no ambiente de trabalho e a dura e justa reprimenda do poder judiciário em face das empresas.

O presente trabalho tratará da importância da diversidade e inclusão das pessoas LGBTI+ dentro das empresas, tornando efetiva a Declaração Universal dos Direitos Humanos, dos infortúnios causados pela não observância do tema e das benesses trazidas pelo engajamento das empresas em torno do compromisso com o respeito e promoção dos direitos humanos LGBTI+.

1. Direitos Humanos LGBTI+

Todas as pessoas são iguais perante a lei, sem nenhuma distinção, e o respeito ao exercício da sua sexualidade, definição que compreende tanto a sua liberdade sexual como a sua orientação sexual, são direitos e garantias fundamentais, pautados no princípio da igualdade, liberdade e preservação da intimidade, vida privada, honra e imagem.

Havia um silêncio em relação aos direitos humanos LGBT, mas a luta histórica dos movimentos sociais ao redor do mundo está mudando essa situação. Em 2013, o tema direitos humanos LGBT já estava cada vez mais presente na agenda de trabalho da ONU, com falas do Secretário Geral e do Alto Comissariado de Direitos Humanos, por exemplo, tratando explicitamente dos direitos humanos LGBT:

> Por gerações, lésbicas, gays, bissexuais e transexuais (LGBT) em todas as regiões foram submetidos a terríveis formas de violência por conta de sua orientação sexual e identidade de gênero. Eles foram tratados com desprezo, escárnio e discriminação, quando deviam se sentir livres e iguais a todos. Por muito tempo, o seu sofrimento foi recebido com silêncio nos corredores do poder[1].

Em 2011, o Conselho de Direitos Humanos da ONU também aprovou por consenso 31 Princípios Orientadores sobre Empresas e Direitos Humanos com três pilares: PROTEGER, RESPEITAR e REPARAR:

[1] OIT; UNAIDS; PNUD. **Promoção dos Direitos Humanos de pessoas LGBT no Mundo do Trabalho. Brasília.** 2ª ed. Brasília: OIT; UNAIDS; PNUD Disponível em: http://www.ilo.org/wcmsp5/groups/public/---americas/---ro-lima/---ilo-brasilia/documents/publication/wcms_421256.pdf. Acesso em: 07 set. 2019.

PROTEGER: a obrigação dos Estados de proteger os direitos humanos;

RESPEITAR: a responsabilidade das empresas de respeitar os direitos humanos;

REPARAR: a necessidade de que existam recursos adequados e eficazes, em caso de descumprimento destes direitos pelas empresas[2].

Neste diapasão, a jurista e advogada Flávia Piovesan, conhecida por suas obras voltadas aos Direitos Humanos e Internacionais retrata em um artigo:

> Os direitos humanos se inspiram numa dupla vocação: afirmar a dignidade humana e prevenir o sofrimento humano. A ética dos direitos humanos trabalha com o idioma da reciprocidade. É aquela ética que vê no outro um merecedor de igual consideração e profundo respeito, dotado do direito de desenvolver as suas potencialidades de forma livre e de forma plena[3].

A advogada Patrícia Cristina Vasques de Souza Gorisch, em sua tese de Mestrado em Direito Internacional, sobre O Reconhecimento dos Direitos LGBT como Direitos Humanos, trouxe dados relevantes sobre empresas com engajamento em torno do compromisso com o respeito e a promoção dos Direitos LGBTI+:

[2] RUGGIE, John. **Empresas e Direitos Humanos**: parâmetros da ONU para proteger, respeitar e reparar. Tradução de Conectas Direitos Humanos. São Paulo: Conectas Direitos Humanos, 2011. Disponível em: https://www.conectas.org/publicacoes/download/empresas-e-direitos-humanos-parametros-da-onu. Acesso em: 13 abr. 2019.

[3] PIOVESAN, Flávia C. **Direitos humanos: desafios e perspectivas contemporâneas.** Revista do Tribunal Superior do Trabalho, Porto Alegre, RS, v. 75, n. 1, p. 107-113, jan/mar. 2009. Disponível em: https://juslaboris.tst.jus.br/handle/20.500.12178/6566. Acesso em: 13 ar.2019.

Empresas multinacionais como a Amazon, que anunciou no final de 2012, o apoio ao casamento civil homoafetivo, juntando-se à Nike e à *Microsoft*, acabam influenciando os seus funcionários, já que em suas políticas internas, há o apoio aos direitos LGBT. Por conseguinte, esses funcionários acabam influenciando as suas famílias e a sociedade. Em nota, a *Microsoft* afirmou que seus funcionários LGBT estão em desvantagem em relação aos heterossexuais. Uma das empresas pioneiras de não discriminação no ambiente de trabalho é a IBM, que possui um Conselho de Diversidade, com um representante de cada minoria: LGBT, negro, mulher e deficiente. Além da IBM, outras empresas praticam a diversidade e se preocupam com a diminuição do preconceito no ambiente de trabalho, tais como a Companhia Paulista de Força e Luz, JP Morgan, Kodak, Natura e o Grupo Pão de Açúcar. (FLEURY, 2010)[4]

2. Governança Corporativa

Governança Corporativa é o conjunto de sistemas e normas de uma empresa que deve sempre ser aprimorada e revisada por meio de um processo dinâmico.

O Manual de Promoção dos Direitos Humanos de Pessoas LGBT no Mundo do Trabalho traz:

> O ambiente de trabalho já não é mais como antes e as mudanças são cada vez mais rápidas e profundas. O aumento da população e sua concentração em áreas urbanas, a globalização e as mudanças culturais colocam novos desafios ao mundo do trabalho e aos atores sociais que com ele interagem.

[4] GORISCH, Patrícia Cristina Vasques de Souza. **O reconhecimento dos direitos LGBT como direitos humanos.** 2013. 102 f. Dissertação (Mestrado em Direito Internacional) – Universidade Católica de Santos, Santos, 2013. Disponível em: http://biblioteca.unisantos.br:8181/handle/tede/1564. Acesso em: 13 abr. 2019.

A homogeneidade já não é tão facilmente imposta, mesmo com os sofisticados mecanismos de exclusão e repressão que ainda persistem na prática de gestão.

A diversidade de pessoas, situações, perspectivas e expectativas obrigam organizações a buscarem a essência, o que tem sentido e significados mais profundos sobre a forma de ser e de se fazer, fugindo de fórmulas que valorizam apenas o que é superficial.

As pessoas trazem para o ambiente de trabalho uma pluralidade de características que desafia normas, estilos, padronizações, processos e políticas que antes eram impostos e obedecidos sem tantos questionamentos. Práticas de discriminação, antes aceitas com naturalidade, agora são problematizadas e rejeitadas.[5]

No contexto de uma sociedade em constante mutação, as empresas devem investir na promoção de processos de aculturamento frente a todos os seus *stakeholders*. A alta liderança de uma empresa, além de todo o conhecimento que deve acumular sobre o *business* da organização, precisa se atualizar sobre o multiculturalismo que está cada vez mais presente em nossa sociedade.

Ana Paula Candeloro e Marilza M. Benevides explicam que[6]:

Assim, promover diversidade significa ser capaz de "voltar-se em diferentes direções". Como tal deve ser a composição de um CA, tão diretamente envolvido com o aumento da competição no mercado global, quanto com a necessidade de constante mudança e adaptação das companhias que buscam perenidade. Capaz de

[5] TXAI, Consultoria e Educação. **Promoção dos Direitos Humanos de pessoas LGBT no Mundo do Trabalho**. Brasília. 2ª edição. Disponível em: https://nacoesunidas.org/onu-lanca-manual-sobre-direitos-lgbt-no-mundo-do-trabalho/. Acesso em: 07 set. 2019.

[6] Candeloro, Ana Paula P; Benevides, Marilza M. **Governança corporativa em foco**. 1. ed. São Paulo: Saint Paul, 2014, p. 72.

observar os movimentos do mercado à sua volta, bem como dentro da própria organização.

A diversidade no conselho de administração aprimora a sua gestão e os seus membros podem gerar melhores resultados sociais, financeiros e ambientais para a organização.

Também é exposto que:

> De uma maneira geral, a sabedoria convencional é simples: a diversidade é boa, tal qual na própria natureza desde o princípio dos tempos.
>
> Afinal, quando os membros de um grupo são muito parecidos, olham para os problemas e para as soluções da mesma maneira. Não há ninguém para desafiar ideias dominantes, ou falar sobre questões importantes para determinados grupos de clientes ou colaboradores. Por outro lado, a diversidade leva a mais inovação, mais pensamento 'fora da caixa' e, em consequência, a uma melhor governança[7].

O Manual de Promoção dos Direitos Humanos de Pessoas LGBT no Mundo do Trabalho traz uma reflexão sobre o compromisso das empresas de influenciar a sociedade:

> A empresa não é apenas um espelho do que acontece de bom e de ruim na sociedade. O poder econômico que ela possui aumenta sua responsabilidade em relação a temas de interesse legítimo da sociedade, à elevação dos padrões culturais de respeito e promoção dos direitos humanos e, portanto, de construção de uma sociedade mais sintonizada com a agenda do desenvolvimento sustentável[8].

[7] CANDEROLO, Ana Paula P; BENEVIDES Marilza M. **Governança corporativa em foco.** 1. ed. São Paulo: Saint Paul, 2014, p. 73.

[8] TXAI, Consultoria e Educação. **Promoção dos Direitos Humanos de pessoas LGBT no Mundo do Trabalho**. Brasília. 2ª edição. Disponível em:

3. Relacionamento com *stakeholders*

A forma em que uma organização se relaciona com os seus *stakeholders* é determinante para o seu crescimento sustentável dentro do mercado em que atua.

Thelma Rocha e Andrea Goldschmidt afirmam que[9]:

> Os *stakeholders* são os públicos de interesse, grupos ou indivíduos que afetam e são significativamente afetados pelas atividades da organização: clientes, colaboradores, acionistas, fornecedores, distribuidores, imprensa, governo, comunidade, entre outros.

Diante das constantes mudanças no mundo corporativo, as empresas que têm como meta atingir um objetivo comum, por meio do trabalho coletivo dos seus *stakeholders*, certamente alcançarão o sucesso desejado e se tornarão cada vez mais competitivas.

A influência dos *stakeholders* é necessária para que uma empresa se mantenha autossuficiente. O objetivo do lucro pautado apenas na relação da organização com os seus acionistas (*shareholder*) não é capaz de assegurar o seu valor e a sua sobrevivência sustentável.

Para tanto, a empresa deve criar mecanismos que aumentem a inclusão dos seus *stakeholders*, bem como diversas formas de tratá-los. Podemos citar a parceria estratégica de inclusão dos seus funcionários, que pode ocorrer por meio de práticas de promoção do bem-estar corporativo, tais como: implementação de políticas de inclusão e diversidade, investimento em palestras de conscientização, cultura organizacional saudável,

https://nacoesunidas.org/onu-lanca-manual-sobre-direitos-lgbt-no-mundo-do-trabalho/. Acesso em: 07 set. 2019.

[9] HARRISON, Jefferey S, 2005 citado por ROCHA, Thelma; GOLDSCHMIDT, Andrea, **Gestão dos Stakeholders.** 1.ed. São Paulo: Saraiva, 2015, p.06.

realização de treinamentos, reuniões motivacionais, incentivo ao trabalho em equipe, entre outras.

A questão da diversidade e inclusão é uma prática de bem-estar corporativo extremamente importante e deve ser aplicada dentro da empresa, pois garante que os seus funcionários desempenhem melhor as suas funções em um ambiente respeitoso.

Uma empresa engajada no respeito à diversidade e aos direitos humanos acredita na importância do tratamento igualitário a todos os funcionários, independentemente da sua orientação sexual (LGBTI+), etnia, cor, crença religiosa, gênero, idade e necessidades especiais, promovendo a igualdade de oportunidades e tratamento justo a todos os seus *stakeholders*.

A adoção desses mecanismos traz valor para os *stakeholders*, pois há entre esse grupo diverso expectativas sobre o comportamento da empresa e os resultados que eles esperam receber.

Empresas com políticas inclusivas são mais inovadoras, atraem e retém talentos engajados com diferentes histórias, origens, conhecimentos, experiências e perfis que garantem multiplicidade de visão, novas perspectivas e muitas maneiras de se enfrentar os desafios de trabalho e encontrar soluções em conjunto para os negócios.

Thelma Rocha e Andrea Goldschmidt explicam que:

> A afirmação de que o público interno (colaboradores) pode interferir diretamente nos resultados de uma empresa tem sido constatada nos últimos anos pela maioria das empresas. Seja de forma direta ou indireta, a produção e os serviços prestados por uma empresa estão intimamente ligados ao envolvimento dos colaboradores[10]

[10] ROCHA, Thelma; GOLDSCHMIDT, Andrea, **Gestão dos Stakeholders**. 1.ed. São Paulo: Saraiva, 2015, p.84.

As boas práticas empresariais mitigam os riscos jurídicos e reputacionais da empresa e atraem cada vez mais investimentos e talentos humanos que contribuem para sua vantagem competitiva, pois é por meio dessas pessoas que as empresas atingem a missão pela qual foram criadas.

A comunicação com as partes interessadas na empresa possibilita um diálogo aberto e construtivo, promove o respeito e confiança mútuos, bem como permite que a organização melhore sua capacidade e mantenha seus valores, crescendo de forma mais sustentável.

4. Os direitos LGBTI+ e a mudança organizacional

Atualmente, a diversidade LGBTI+ no mundo corporativo tem sido um tema cada vez mais presente e as empresas começaram a prestar atenção em algo que não tem mais como ignorar.

Cada um é diverso nas suas crenças e nos seus valores e as organizações estão começando a mudar o *mindset* dos seus *stakeholders*, trazendo um ambiente mais inclusivo e chegando à conclusão de que não há que se pensar em verdades absolutas, mas sim em um processo de aprendizado constante.

Contudo, ainda se nota a dificuldade das empresas em contratar talentos LGBTI+. A ideia é que todos os processos seletivos sejam inclusivos, pois o que importa e deverá prevalecer é o talento e a habilidade dos candidatos.

A empresa MindMiners em parceria com o Centro de Inteligência Padrão realizou uma pesquisa por meio de entrevistas com mais de mil jovens com idade entre 18 e 32 anos com intuito de entender as percepções desses jovens em relação ao mercado de trabalho e foi avaliado nas exigências pontos que os jovens não abrem mão:

> Esses jovens não abrem mão é da ética dentro das empresas, chegando a questionar sobre o papel que elas têm dentro da socie-

dade. **75% dos jovens discordam que elas estão comprometidas em melhorar o mundo e outros 71% discordam que há respeito com os funcionários.**

Exemplo disso são as respostas dos jovens quando questionados sobre as características do emprego ideal: equidade de salário e direitos entre homens e mulheres, liderança de pessoas jovens e inclusão social. Eles se colocam como pessoas ambientalistas (75%) **e que apoiam os direitos das minorias (37%).**

"A pesquisa mostrou que eles são jovens muito críticos e idealistas, com valores fortes. Isso explica muito porque eles admiram empresas que valorizam mais seus funcionários, que dão mais oportunidades", explicou Daniela. (grifo do autor)[11]

A diversidade contribui para a inovação, e da inclusão que surgem ideias que podem diferenciar a empresa dos seus concorrentes e trazer um valor competitivo extremamente diferenciado de mercado. A criação de manuais é uma ferramenta importante, porque muitas vezes as empresas querem criar boas práticas e políticas inovadoras, mas não tem elementos para isso.

A revista Época Negócios, em dezembro de 2017, publicou um artigo do Presidente da IBM Brasil no momento, Marcelo Porto, "falando que ao abrir as portas para profissionais LGBT, a IBM investe na diversidade como forma de estimular a inovação. Mas, atenção: promover a inclusão é uma missão de longo prazo e só dá certo nas empresas que acreditam na causa"[12]

[11] Miozzo, Júlia. **Desempregada e sonhando alto: o que a geração "Nem Nem" quer do mercado de trabalho.** InfoMoney. 13 set. 2017. Disponível em: https://ww3.infomoney.com.br/carreira/desempregada-e-sonhando-alto-o-que-a-geracao-nem-nem-quer-do-mercado-de-trabalho/. Acesso em 13 abr.2019.

[12] Porto, Marcelo. **O que a Big Blue quer com o arco-íris**. Época Negócios. 11 abr.2018. Disponível em: https://epocanegocios.globo.com/Carreira/noticia/2018/04/o-que-big-blue-quer-com-o-arco-iris.html. Acesso em: 13 abr.2019.

Nessa linha, para que os direitos LGBTI+ sejam promovidos dentro de uma empresa, é necessário que algumas medidas sejam tomadas. A alta e média gestão, bem como os seus times devem ser capacitados para que possam se familiarizar com tema da diversidade sexual e compreender quais são os impactos positivos que essas ações podem trazer dentro do ambiente corporativo.

A meio&mensagem entrevistou o Diretor de Sustentabilidade e Responsabilidade Social do Carrefour Brasil, Paulo Pianez.

> O executivo explica que questões estruturais, muitas vezes vistas como obstáculos, foram resolvidas de forma simples. "A questão do banheiro quando falamos de transgêneros sempre entra em pauta. Ficou definido que o profissional transgênero utilizaria o banheiro com o gênero que ele se identificasse. Se nasceu homem, mas se identifica mulher, vai usar o banheiro feminino. O mesmo foi feito com o crachá. Lá, deve estar sua identidade, aquela em que o colaborador se sente representado".
>
> O Carrefour transformou a inclusão transgênera em realidade. Em sete anos, a rede estruturou um comitê de diversidade que inclui a adaptação de espaços, mudanças culturais e parcerias com entidades.[13]

As empresas estão deixando de ser um palco onde os seus funcionários vão para atuar e estão passando a ser as suas casas, fazendo com que todos sejam aquilo que efetivamente devem ser. Todo ser humano tem o direito de ser tratado de forma igualitária quando a sua diferença o inferioriza.

[13] PACETE, Luiz Gustavo. **Carrefour transforma inclusão transgênera em realidade.** Meio&Mensagem. 10 fev.2017. Disponível em: https://www.meioemensagem.com.br/home/marketing/2017/02/10/carrefour-transforma-inclusao-transgenero-em-realidade.html. Acesso em: 13 abr. 2019.

4.1. A inclusão da diversidade LGBTI+ nas empresas como fator estratégico

É importante destacar que a diversidade já existe no mundo, o que se deve praticar é a sua inclusão. As empresas devem incluir no seu Código de Ética e Conduta os temas de diversidade sexual e identidade de gênero, pois isso acarretará em um ambiente de trabalho mais inclusivo. Promover um trabalho sólido na área de inclusão, por meio de um comitê de diversidade traz respeito e incentivo à população LGBTI+.

Alguns escritórios de advocacia já estão tratando do tema e se destacando no combate ao preconceito no Brasil:

> A sócia do Escritório Edson Barcellos Advogados, Chyntia Barcellos, ganhou notoriedade após escrever uma cartilha chamada "demitindo preconceitos" voltada a combater a discriminação no ambiente corporativo. Na opinião da advogada "o maior desafio em fazer esse trabalho junto às empresas é mostrar que a luta por tolerância e igualdade de tratamento, não importando o gênero, religião, orientação sexual, raça, etnia ou classe social é uma necessidade de compliance e governança".
>
> A especialista em direito penal empresarial do Tozzini Freire Advogados, Ludmila de Vasconcelos Leite Groch, defende que a diversidade também tem um efeito no dia a dia da empresa ao criar um ambiente mais propício ao desenvolvimento de ideias criativas. "Peças iguais não constroem um quebra-cabeça, então a defesa da tolerância é uma pauta financeiramente sustentável. A diversidade traz criatividade para a equipe, o que faz muito bem para o trabalho em conjunto", opina.[14]

[14] BOMFIM, Ricardo. **Escritórios ajudam empresas a garantir diversidade no trabalho.** DCI Diário Comércio Indústria & Serviços. 24 jan.2018. Disponível em: https://www.dci.com.br/impresso/escritorios-ajudam-empresas-a-garantir-diversidade-no-trabalho-1.678849, Acesso em: 13 abr. 2019.

Por meio de boas práticas, as empresas podem influenciar os seus funcionários, parceiros de negócios, clientes e fornecedores a criar uma cultura inclusiva dentro do ambiente de trabalho deles.

O portal de notícias do Rio Grande do Sul, Gaúcha ZH, entrevistou um colaborador da empresa alemã SAP e líder da Pride@SAP Brasil, grupo de colaboradores aliados à causa LGBT+ que, unidos, buscam criar uma cultura inclusiva nas empresas.

> Na matéria, Filipe Roloff diz" Empresas que aceitam a diversidade a lucram mais". "Pessoas que criam um laço afetivo com a empresa produzem mais e são mais felizes. Em um lugar que trato como segunda casa, dou mais de mim. Assim, trabalho para que a empresa seja melhor e falo para as outras pessoas como me sinto bem. Tem muito a ver com inovação. Tanto que a maioria das empresas que começaram a valorizar a diversidade é de tecnologia. Não tem como criar um ambiente inovador sem respeitar as diferenças".
>
> O gaúcho Filipe Roloff foi eleito um dos 50 futuros líderes LGBTs mais importantes do mundo pelo jornal britânico Financial Times.[15]

Como dito, o tema diversidade sexual é extremamente atual e já se nota o engajamento das empresas em torno do compromisso com o respeito e a promoção dos Direitos LGBTI+.

[15] HARTMANN, Marcel. **"Empresas que aceitam a diversidade lucram mais", diz gaúcho que é referência LGBT no mundo**. GaúchaZH. 16 fev. 2018. Disponível em: https://gauchazh.clicrbs.com.br/comportamento/noticia/2018/02/empresas-que-aceitam-a-diversidade-lucram-mais-diz-gaucho-que-e-referencia-lgbt-no-mundo-cjdouk0ed01wa01n3gvk18el2.html . Acesso em: 13 abr.2019.

Cito o Fórum de Empresas e Direitos LGBTI+[16], que está vinculado, antes de tudo, com a identidade da empresa (missão, visão e valores), inspirada, em geral, nos valores universais de direitos humanos:

> Criado em março de 2013, o Fórum é movimento empresarial com atuação permanente reunindo grandes empresas em torno de 10 Compromissos com a promoção dos direitos humanos LGBTI+. Espera-se que cada empresa busque cumprir com os Compromissos no relacionamento com seus diferentes stakeholders e que juntas as empresas possam influenciar positivamente o ambiente empresarial e a sociedade.
>
> O Fórum tem como objetivos: 1. Aprimorar práticas de gestão empresarial e gerar efetiva adição de valor para suas marcas e para a sociedade. 2. Combater a LGBTI+ fobia e seus efeitos prejudiciais às pessoas, aos negócios e à sociedade. 3. Atuar de forma conjunta para impactar positivamente o ambiente empresarial e a sociedade.

Já são mais de 70 (setenta) empresas signatárias da Carta de Adesão ao Fórum e aos seus 10 Compromissos da Empresa com os Direitos LGBTI+, dentre elas, 6 (seis) escritórios de advocacia.

Cada empresa que se torna signatária do Fórum engaja outras empresas e vai fazendo a diferença no mundo corporativo, contribuindo com a promoção dos direitos das pessoas LGBTI+ no ambiente empresarial e na sociedade em geral. Esse comprometimento traz uma cultura inclusiva, agrega valor e muda a realidade da vida das pessoas.

16 FÓRUM DE EMPRESAS E DIREITOS LGBTI+. **O Fórum**. 2019. Disponível em: https://www.forumempresaslgbt.com/o-forum. Acesso em: 06 set. 2019.

Importante destacar os 10 Compromissos elaborados pelo Fórum de Empresas e Direitos LGBTI+, os quais as empresas devem cumprir ao se tornarem signatárias, são eles:

1. Comprometer-se, presidência e executivos, com o respeito e com a promoção dos direitos LGBTI+;
2. Promover igualdade de oportunidades e tratamento justo às pessoas LGBTI+;
3. Promover ambiente respeitoso, seguro e saudável para as pessoas LGBTI+;
4. Sensibilizar e educar para o respeito aos direitos LGBTI+;
5. Estimular e apoiar a criação de grupos de afinidade LGBTI+;
6. Promover o respeito aos direitos LGBTI+ na comunicação e marketing;
7. Promover o respeito aos direitos LGBTI+ no planejamento de produtos, serviços e atendimento aos clientes;
8. Promover ações de desenvolvimento profissional de pessoas do segmento LGBTI+;
9. Promover o desenvolvimento econômico e social das pessoas LGBTI+ na cadeia de valor;
10. Promover e apoiar ações em prol dos direitos LGBTI+ na comunidade.[17]

A aplicação efetiva desses compromissos contribui para a evolução e melhoria das empresas. Trata-se de boas ações e iniciativas que precisam ser constantemente trabalhadas e aprimoradas, bem como compartilhadas com outras empresas engajadas nas ações de diversidade e inclusão.

[17] FÓRUM DE EMPRESAS E DIREITOS LGBTI+. **O Fórum. 10 Compromissos.** 2019. Disponível em: <https://www.forumempresaslgbt.com/10-compromissos>. Acesso em: 06 set. 2019.

A empresa de consultoria empresarial americana McKinsey & Company realizou pesquisa sobre **A diversidade como alavanca de performance** e sugere como as organizações podem criar estratégias de inclusão melhores para obterem uma vantagem competitiva. (grifo do autor).

> **Gerando impacto por meio da diversidade**
> Nossa pesquisa confirma que a diversidade étnica, cultural e de gênero, particularmente nas equipes executivas, continua correlacionada à performance financeira em vários países do mundo. No relatório de 2015, nossas hipóteses sobre o que provoca essa correlação eram que empresas mais diversificadas conseguem *atrair os melhores talentos, aumentam seu foco no cliente,* a satisfação dos funcionários e melhoram a *tomada de decisões,* além de garantir mais facilmente a licença para operar. Acreditamos que todos esses fatores continuam sendo relevantes.
>
> As empresas relatam que melhorar substancialmente a representatividade de talentos diversificados em seus quadros de funcionários, bem como utilizar efetivamente a inclusão e a diversidade como facilitadores do impacto comercial, são objetivos particularmente desafiadores. Apesar disso, várias organizações em todo o mundo conseguiram realizar melhorias consideráveis em termos de inclusão e diversidade – e têm colhido benefícios tangíveis por seus esforços[18].

5. A discriminação por orientação sexual no ambiente de trabalho

Atualmente, ainda há muita discriminação por orientação sexual no mundo corporativo, tendo em vista que muitas empre-

[18] HUNT, Vivian. YEE, Lareina. PRINCE, Sara. DIXON-FYLE, Sundiatu. **A diversidade como alavanca de performance**. McKinsey & Company. Jan. 2018. Disponível em https://www.mckinsey.com/business-functions/organization/our-insights/delivering-through-diversity/pt-br. Acesso em: 07 set. 2019.

sas ainda não reúnem esforços para colocar em prática compromissos com os direitos humanos LGBTI+, incorrendo, desta forma, em condenações na justiça do trabalho em decorrência desta discriminação.

Se as empresas não começarem a se conscientizar a fim de promover o direito à diversidade com o respeito e promoção aos direitos humanos LGBTI+ entre os seus funcionários, por meio de uma boa gestão empresarial voltada ao tema, estará sujeita à dura reprimenda do poder judiciário.

Recente pesquisa publicada pelo G1, aponta que 35% dos entrevistados LGBT já sofrerem algum tipo de discriminação velada ou indireta, segundo levantamento do Linkedln.

> Em relação ao preconceito no ambiente de trabalho, 35% dos entrevistados LGBT afirmaram ter sofrido algum tipo de discriminação velada ou direta.
>
> A maior parte da discriminação foi feita diretamente por colegas. Cerca de 12% dos entrevistados que sofreram algum preconceito afirmaram ter sofrido discriminação direta ou velada por líderes da empresa, incluindo gestores. O estudo revelou que piadas e comentários homofóbicos foram os mais citados entre as formas de discriminação.
>
> Já entre os heterossexuais que afirmaram ter algum colega homossexual, 33% afirmaram ter presenciado algum tipo de discriminação com profissional LGBT no ambiente de trabalho. Destes, 17% disseram que o episódio ocorreu nos últimos 6 meses, 8% no último ano e 8% há mais de um ano[19].

[19] G1. **Metade dos profissionais LGBT assumiu orientação sexual no trabalho, diz pesquisa.** G1. 25 jun.2019. Disponível em: https://g1.globo.com/economia/concursos-e-emprego/noticia/2019/06/25/metade-dos-profissionais-lgbt-assumiu-orientacao-sexual-no-trabalho-diz-pesquisa.ghtml. Acesso em: 08 set. 2019.

Salienta-se que há inúmeras condenações de empresas ao pagamento de indenizações por danos morais em decorrência de discriminação por motivos relacionados à orientação sexual e identidade de gênero, senão vejamos:

> Taubaté. TRT 15ª Região. **DANO MORAL - DISCRIMINAÇÃO EM DECORRÊNCIA DE ORIENTAÇÃO SEXUAL.** Tendo comprovado que a reclamante foi chamada de "sapatão" perante funcionários e clientes da reclamada, por certo houve dano à honra, imagem e dignidade da trabalhadora, por prática discriminatória. Ora, tal prática revela umas das mais retrógradas e repugnantes formas de discriminação, qual seja, o preconceito quanto à orientação sexual do ser humano, com o qual não pode compactuar o Judiciário, que tem se mostrado vanguardista contra o conservadorismo, ao assegurar igualdade substantiva ao seguimento perseguido e hostilizado que assume orientação sexual diversa do "padrão modelar", garantindo-lhes o direito à convivência, à formação da família e à união civil homoafetiva, cumprindo a promessa constitucional de igualdade e de organização da sociedade com vistas à felicidade. Nesse sentido aliás, decidiu o E. STF, na ADIn 4277 e ADPF nº 132. Dentre as diversas práticas atentatórias à integridade moral dos trabalhadores encontra-se a discriminação, seja por motivo de raça, credo, origem e sexo, sendo inegável que o grupo social identificado pela sigla LGBT (lésbicas, gays, bissexuais, transexuais) vem sofrendo agressões da sociedade e nos locais de trabalho, sob diversas formas (moral, social, religiosa, física etc.) em decorrência da sua orientação sexual, sob o silêncio cínico e omissivo do poder público. Assim, restando caracterizado o atentado à dignidade da trabalhadora, que se viu humilhada com ofensas que atingiram sua intimidade e vida privada (art. 5º, X, CF), malferindo o empregador, por seus prepostos, os princípios da igualdade (art. 5º, caput) e da dignidade humana (art. 1º, III, CF), práticas estas intoleráveis numa

sociedade que se alça a um novo patamar civilizatório. Recurso da reclamante provido parcialmente. Processo TRT 15ª Região nº 0001953-88.2013.5.15.0102. 1ª Recorrente: Flávia Cristina Correa Leite. 2ª Recorrente: Cinemark Brasil S.A. Juíza Relatora: Edna Pedroso Romanini. Campinas / SP, 23.01.2015.[20]

O livro Do direito à diversidade ao direito da diversidade traz um caso julgado pela 4ª Turma do TST a respeito de identidade de gênero e uso do banheiro unissex nas empresas:

O caso constante no Processo nº 402-32.2012.5.09.0084, com relatoria da Ministra Maria de Assis Calsing, da 4ª Turma do TST refere-se a uma empregada transexual que foi proibida de usar o banheiro feminino, tendo recebido tratamento diferenciado em relação à pronúncia de seu nome social, além de advertência de seu empregador para que se abstivesse de exigir ser tratada pelo seu nome social, um direito legal. A discussão travada nos autos do processo diz respeito ao fato de que "evidenciada a condição de transexual da Reclamante, contratada após aprovação em concurso público, o que se verificou é que não foi providenciada, pelo empregador, a adequação do ambiente de trabalho à sua patologia (assim definida pela Classificação de Patologia Internacional de Doenças, CID-10)".

Nesse sentido, decidiu o Tribunal que a culpa do empregador ficou evidenciada pela "ausência de uma orientação efetiva aos seus funcionários em relação à presença de uma transexual no

[20] BRASIL. Tribunal Regional do Trabalho da 15ª Região. Dano Moral – Discriminação em decorrência de orientação sexual. Relatora: Edna Pedroso Romanini. Campinas, 23 jan. 2015. **Consulta de Jurisprudência**. Disponível em: http://busca.trt15.jus.br/search?q=orienta%C3%A7%C3%A3o+sexual&site=jurisp&client=dev_index&output=xml_no_dtd&proxystylesheet=dev_index&oe=UTF-8&ie=UTF-8&ud=1&filter=0&lr=lang_pt&getfields=*&sort=date%3AD%3AL%3Ad1&wc=200&wc_mc=1. Acesso em: 04 set. 2019.

> ambiente de trabalho e ao tratamento dispensado à Reclamante". A empresa, ao criar um banheiro unissex, que até então não existia, acabou por reforçar a discriminação em relação à empregada, sendo fator agravante as advertências no sentido de que ela não exigisse ser chamada pelo nome social.
>
> O TST entende que esse tipo de dano moral independe de prova de lesão à honra, moral ou imagem, e manteve a condenação já fixada ao empregador de indenizar a empregada ao pagamento de trinta mil reais. Da decisão se extrai que os locais de trabalho necessitam estar preparados para bem receber e atender a todos os seus empregados, adaptando-se a todas as suas particularidades, sejam elas quais for, cabendo ao empregador adotar todas as medidas de treinamento e estrutura para garantir a efetivação dos direitos de todos, sob pena de condenação judicial.[21]

As empresas devem coibir quaisquer manifestações discriminatórias e homofóbicas no ambiente de trabalho sob pena dos seus empregados serem dispensados por justa causa. Durante a promoção do processo de aculturamento e da criação de políticas de inclusão e diversidade, todos os empregados deverão tomar conhecimento das sanções que poderão sofrer caso cometam algum ato discriminatório.

Neste sentido, entendeu a 17ª Turma do Tribunal Regional do Trabalho da 2ª Região:

> DISPENSA POR JUSTA CAUSA. MANIFESTAÇÕES DISCRIMINATÓRIAS, RACISTAS E HOMOFÓBICAS NO AMBIENTE DE TRABALHO. MAU PROCEDIMENTO CONFIGURADO. DISPENSA DISCIPLINAR TEMPESTIVA, PRO-

[21] WAKS, Bianca dos Santos. Et. al. **Do direito à diversidade ao direito da diversidade**. São Paulo: Mattos Filho, 2018, p. 21. Disponível em: https://publicacoes.mattosfilho.com.br/books/atxl/#p=21. Acesso em: 02 set.2019.

PORCIONAL E PEDAGÓGICA. Embora seja livre, nos termos do art. 5º, IV, da Constituição da República, a manifestação do pensamento, tal liberdade não é absoluta, não resguardando manifestações francamente discriminatórias, racistas e homofóbicas, que ultrapassam o limite razoável da mera opinião de natureza política, sendo injuriosas e incompatíveis com o padrão de civilidade exigível no ambiente de trabalho, o que se agrava pela posição de superioridade hierárquica ostentada pela trabalhadora (supervisora), que exige do empregado maior responsabilidade quanto aos seus próprios atos perante terceiros. Mau procedimento é o contrário ao bom e correto procedimento, e isso se refere à prática de atos que consubstanciem atitudes desrespeitosas, inadequadas ou irregulares, inclusive sob o ponto de vista ético. Manifestações discriminatórias, racistas e homofóbicas no ambiente de trabalho não podem ser toleradas, ainda que artificialmente ancoradas no expediente da "opinião pública" ou da "liberdade de expressão", porque a trabalhadora não trata, no caso, apenas de política, mas de expressar sentimentos que, para além da política, se evidenciam francamente discriminatórios, racistas e homofóbicos, que na prática consubstanciam discurso que deprecia e desqualifica pessoas em razão de fatores como cor, etnia, orientação sexual ou procedência nacional, e que tendem a atingir moralmente terceiros que com ela trabalham – ninguém é proibido de tê-los, no seu íntimo, mas expressá-los publicamente, em particular no ambiente de trabalho e em condição hierárquica diferenciada, consubstancia atentado à ordem jurídica, ao dever de urbanidade no convívio social e à fidúcia depositada pelo empregador (mau procedimento, portanto). Suficientemente graves as manifestações discriminatórias, racistas e homofóbicas da reclamante em serviço, ponderável a providência da empresa em despedir a supervisora por mau procedimento após a apuração das várias denúncias recebidas, evidenciando-se tempestiva, proporcional e pedagógica a dispensa disciplinar.

(TRT - 2 - 1000576-35.2019.5.02.0064 SP, Relator: RODRIGO GARCIA SCHWARZ, 17ª Turma - Cadeira 4, Data de Publicação: 16/12/2019).[22]

Omitir a orientação sexual no ambiente de trabalho não deve ser mais uma prática forçada dos profissionais LGBTI+ a fim de se evitar a discriminação. As empresas devem promover um ambiente inclusivo para que estes profissionais assumam a sua orientação sexual e possam falar abertamente e com naturalidade do assunto.

Conclusões

O compromisso das empresas com o respeito aos direitos humanos e a promoção da igualdade de lésbicas, gays, bissexuais, travestis, transexuais, intersexuais e outras identidades de gênero e sexualidade não contempladas na atual sigla adotada, representada pelo "+" (LGBTI+) influencia o meio empresarial e a sociedade, aumentando a conscientização sobre a discriminação.

A diversidade é a maior igualdade da pessoa humana, trata-se de uma realidade. A inclusão é uma escolha da empresa, que depende de um processo de aculturamento.

Portanto, no momento em que uma empresa decide promover a inclusão, ela precisa acreditar profundamente nessa causa e a partir de então desenvolver com convicção um grande trabalho.

Percorre-se um longo caminho até se institucionalizar a diversidade sexual e de gênero e a inclusão dentro da empresa

[22] BRASIL. Tribunal Regional do Trabalho da 2ª Região. Dispensa por justa causa. Manifestações discriminatórias, racistas e homofóbicas no ambiente de trabalho. Mau procedimento configurado. Dispensa disciplinar tempestiva, proporcional e pedagógica. Relator: Rodrigo Garcia Schwarz. São Paulo, 16 dez. 2019. **Consulta de Jurisprudência.** Disponível em: https://trt-2.jusbrasil.com.br/jurisprudencia/793575562/10005763520195020064-sp?ref=serp. Acesso em: 31 jan. 2020.

e, para isso, o tema deverá ser constantemente trabalhado internamente, por meio de iniciativas que corroborem com o real propósito da organização.

As boas práticas e a Declaração Universal dos Direitos Humanos deverão ser efetivas e aplicadas e toda comunidade interna da empresa precisará ser ensinada a fim de compreender o que é diversidade e inclusão e evitar o viés inconsciente.

Criar multiplicadores de diversidade e inclusão, por meio da alta liderança, é fundamental para a promoção de uma cultura inclusiva, sendo imprescindível que todos os colaboradores se mobilizem no combate ao preconceito a favor dos direitos humanos LGBTI+.

A promoção de um ambiente diverso e inclusivo possibilita ao profissional LGBTI+ a liberdade de assumir a sua orientação sexual e falar abertamente e com naturalidade do assunto.

Diversidade é o conceito do que é diferente e torna todos os seres humanos iguais por serem todos diferentes.

Referências

BOMFIM, Ricardo. **Escritórios ajudam empresas a garantir diversidade no trabalho**. DCI Diário Comércio Indústria & Serviços. 24 jan.2018. Disponível em: https://www.dci.com.br/impresso/escritorios-ajudam-empresas-a-garantir-diversidade-no-trabalho-1.678849. Acesso em: 13 abr. 2019.

CANDELORO, Ana Paula P; BENEVIDES, Marilza M. **Governança corporativa em foco**. 1. ed. São Paulo: Saint Paul, 2014.

FÓRUM DE EMPRESAS E DIREITOS LGBTI+. **O Fórum**. 2019. Disponível em: https://www.forumempresaslgbt.com/o-forum. Acesso em: 06 set. 2019.

FÓRUM DE EMPRESAS E DIREITOS LGBTI+. **O Fórum. 10 Compromissos**. 2019. Disponível em: https://www.forumempresaslgbt.com/10-compromissos. Acesso em: 06 set. 2019.

G1. **Metade dos profissionais LGBT assumiu orientação sexual no trabalho, diz pesquisa**. G1. 25 jun.2019. Disponível em: https://g1.globo.com/economia/concursos-e-emprego/noticia/2019/06/25/metade-dos-

-profissionais-lgbt-assumiu-orientacao-sexual-no-trabalho-diz-pesquisa.ghtml. Acesso em: 08 set. 2019.

GORISCH, Patrícia Cristina Vasques de Souza. **O reconhecimento dos direitos LGBT como direitos humanos.** 2013. 102 f. Dissertação (Mestrado em Direito Internacional) – Universidade Católica de Santos, Santos, 2013. Disponível em: http://biblioteca.unisantos.br:8181/handle/tede/1564. Acesso em: 13 abr. 2019.

HARRISON, Jefferey S, 2005 citado por ROCHA, Thelma; GOLDSCHMIDT, Andrea, **Gestão dos Stakeholders.** 1.ed. São Paulo: Saraiva, 2015.

HARTMANN, Marcel. **"Empresas que aceitam a diversidade lucram mais", diz gaúcho que é referência LGBT no mundo.** GaúchaZH. 16 fev. 2018. Disponível em: https://gauchazh.clicrbs.com.br/comportamento/noticia/2018/02/empresas-que-aceitam-a-diversidade-lucram-mais-diz-gaucho-que-e-referencia-lgbt-no-mundo-cjdouk0ed01wa01n3gvk18el2.html . Acesso em: 13 abr.2019.

HUNT, Vivian. YEE, Lareina. PRINCE, Sara. DIXON-FYLE, Sundiatu. **A diversidade como alavanca de performance.** McKinsey & Company. Jan. 2018. Disponível em: https://www.mckinsey.com/business-functions/organization/our-insights/delivering-through-diversity/pt-br. Acesso em: 07 set. 2019.

MIOZZO, Júlia. **Desempregada e sonhando alto: o que a geração "Nem Nem" quer do mercado de trabalho.** InfoMoney. 13 set. 2017. Disponível em: https://ww3.infomoney.com.br/carreira/desempregada-e-sonhando-alto-o-que-a-geracao-nem-nem-quer-do-mercado-de-trabalho/. Acesso em 13 abr.2019.

OIT; UNAIDS; PNUD. **Promoção dos Direitos Humanos de pessoas LGBT no Mundo do Trabalho. Brasília.** 2ª ed. Brasília: OIT; UNAIDS; PNUD Disponível em: http://www.ilo.org/wcmsp5/groups/public/---americas/---ro-lima/---ilo-brasilia/documents/publication/wcms_421256.pdf. Acesso em: 07 set. 2019.

PACETE, Luiz Gustavo. **Carrefour transforma inclusão transgênera em realidade.** Meio&Mensagem. 10 fev.2017. Disponível em: https://www.meioemensagem.com.br/home/marketing/2017/02/10/carrefour-transforma-inclusao-transgenero-em-realidade.html. Acesso em: 13 abr. 2019.

PIOVESAN, Flávia C. **Direitos humanos: desafios e perspectivas contemporâneas.** Revista do Tribunal Superior do Trabalho, Porto Alegre, RS, v. 75, n. 1, jan/mar. 2009. Disponível em: https://juslaboris.tst.jus.br/handle/20.500.12178/6566. Acesso em: 13 ar.2019.

PORTO, Marcelo. **O que a Big Blue quer com o arco-íris**. Época Negócios. 11 abr.2018. Disponível em: https://epocanegocios.globo.com/Carreira/noticia/2018/04/o-que-big-blue-quer-com-o-arco-iris.html. Acesso em: 13 abr.2019.

ROCHA, Thelma; GOLDSCHMIDT, Andrea, **Gestão dos Stakeholders**. 1.ed. São Paulo: Saraiva, 2015.

RUGGIE, John. **Empresas e Direitos Humanos**: parâmetros da ONU para proteger, respeitar e reparar. Tradução de Conectas Direitos Humanos. São Paulo: Conectas Direitos Humanos, 2011. Disponível em: https://www.conectas.org/publicacoes/download/empresas-e-direitos-humanos-parametros-da-onu. Acesso em: 13 abr. 2019.

TXAI, Consultoria e Educação. **Promoção dos Direitos Humanos de pessoas LGBT no Mundo do Trabalho**. Brasília. 2ª edição. Disponível em: https://nacoesunidas.org/onu-lanca-manual-sobre-direitos-lgbt-no-mundo-do-trabalho/. Acesso em: 07 set. 2019.

WAKS, Bianca dos Santos. Et. al. **Do direito à diversidade ao direito da diversidade**. São Paulo: Mattos Filho, 2018. Disponível em: https://publicacoes.mattosfilho.com.br/books/atxl/#p=21. Acesso em: 02 set.2019.

Jurisprudência

BRASIL. Tribunal Regional do Trabalho da 15ª Região. Dano Moral – Discriminação em decorrência de orientação sexual. Relatora: Edna Pedroso Romanini. Campinas, 23 jan. 2015. **Consulta de Jurisprudência**. Disponível em: http://busca.trt15.jus.br/search?q=orienta%C3%A7%C3%A3o+sexual&site=jurisp&client=dev_index&output=xml_no_dtd&proxystylesheet=dev_index&oe=UTF-8&ie=UTF-8&ud=1&filter=0&lr=lang_pt&getfields=*&sort=date%3AD%3AL%3Ad1&wc=200&wc_mc=1. Acesso em: 04 set. 2019.

BRASIL. Tribunal Regional do Trabalho da 2ª Região. Dispensa por justa causa. Manifestações discriminatórias, racistas e homofóbicas no ambiente de trabalho. Mau procedimento configurado. Dispensa disciplinar tempestiva, proporcional e pedagógica. Relator: Rodrigo Garcia Schwarz. São Paulo, 16 dez. 2019. **Consulta de Jurisprudência**. Disponível em: https://trt-2.jusbrasil.com.br/jurisprudencia/793575562/10005763520195020064-sp?ref=serp. Acesso em: 31 jan. 2020.

Business Intelligence, *Big Data* e Proteção de Dados: Análise de Compatibilidade entre o Tratamento de Dados Pessoais para Inteligência de Negócio e a Lei Geral de Proteção de Dados

Lucas Macedo de Magalhães

Introdução

Atualmente, a sociedade vive uma verdadeira revolução, causada pela centralização do uso de dados em relações pessoais, sociais, profissionais e de negócios. O desenvolvimento tecnológico causador desta revolução, trouxe consigo um conflito entre o direito de controle do fluxo de dados pessoais inerente aos seus titulares, e a necessidade de utilização desses mesmos dados de forma ágil e continuamente inovadora.

Por esta razão, o presente trabalho busca compreender as principais tecnologias de inteligência de negócio com impacto direto no uso de dados pessoais, quais são os possíveis conflitos trazidos e se, de fato, a legislação brasileira apresenta uma forma de manutenção da inovação tecnológica e desenvolvimento dos negócios. Para tanto, este trabalho se apoia na análise bibliográfica de obras jurídicas e de tecnologia da informação, pesquisas de mercado, notícias jornalísticas envolvendo casos recentes, relatórios de autoridades reguladoras, análises legislativas e precedente jurisprudencial.

Com este objetivo, o desenvolvimento é construído em duas partes.

Na primeira, é realizada a análise preliminar da Sociedade da Informação, compreendendo os impactos que as tecnologias imprimem sobre a sociedade e como os negócios constroem e respondem ao avanço tecnológico. Dessa forma, é indispensável compreender o que é a inteligência de negócio, como ela evoluiu com a tecnologia e quais seriam as que apresentam o maior processamento de dados pessoais.

Na segunda parte, aborda-se como o cenário construído na primeira parte se comunica com o novo paradigma internacional de proteção de dados pessoais, quais foram as alterações sofridas pelo próprio conceito de privacidade, as consequências da não observação de preceitos de privacidade de dados, e se de fato existe uma adequação entre tais tecnologias e a Lei Geral de Proteção de Dados.

Dessa forma, este trabalho busca conhecer melhor quais são as tecnologias em pauta para o crescimento de negócios e como a proteção de dados pode interferir ou mesmo auxiliar em seu desenvolvimento.

1. Sociedade da Informação e os impactos da tecnologia nos negócios

1.1. Sociedade da Informação, economia da informação (ou do conhecimento) e Big Data

Especialmente após a segunda guerra mundial, nossa sociedade vem passando por processos contínuos de transformação, por meio dos quais o valor dos negócios vem deixando de ser identificado por aquilo que se pode ser produzido pelos serviços ou produtos, mas sim pelos *insights* gerados por meio dados adquiridos e gerados pelas empresas.

Nas últimas décadas, foi possível identificar uma nova reorganização da sociedade, oriunda de tecnologias que tornaram possível um fluxo de dados mundial nunca visto, o que propicia novas interações sociais, formas de trabalho, negócios e até mesmo uma reorganização de conceitos basilares, como espaço-tempo. Esta formatação social contemporânea, cuja informação compõe fator central é o que chamamos de Sociedade da Informação[1].

A resposta do mercado à Sociedade da Informação sobreveio naturalmente, e os negócios também foram drasticamente alterados. Especialmente após o advento da internet, os mais diversos negócios passaram a atuar com base em dados e informações, com o fim de promoção de seu objeto social por meio de uma rede. Um exemplo bastante interessante são as grandes marcas de roupas, que identificam tendências de moda, determinam a empresas localizadas em outro país qual será e a forma de produção o produto final, e vendem as peças por meio de terceiros revendedores ou franqueados distribuídos pelo mundo todo. Apesar de tratar-se de comércio de vestuário, temos que, em realidade, as detentoras das marcas trabalham tão somente com o processamento de informações[2].

Este intenso processamento de dados também diz respeito aos dados produzidos pela própria empresa, sobre seus empregados, sobre os produtos que produz, o comportamento de consumidores finais, entre outros elementos que permeiam seu ambiente, cuja análise é propiciada por conta de novas ferramentas tecnológicas[3]. A Sociedade da Informação é marcada não somente por um novo arranjo quantitativo de disponibilidade dos dados, mas também qualitativo, decorrente de sua forma de armazenamento e organização[4].

1 BIONI, Bruno Ricardo, **Proteção de Dados pessoais – a fundação e os limites do Consentimento.** Rio de Janeiro. Forense, 2019. p. 3.

2 Ibidem, p. 10.

3 AMARAL, Fernando. **Introdução à Ciência de dados: mineração de dados e Big Data.** Rio de Janeiro: Alta Books, 2016. (livro digital não paginado)

4 BIONI, Bruno Ricardo, **Proteção de Dados pessoais – a fundação e os limites do Consentimento.** Rio de Janeiro. Forense, 2019. p. 9.

Tal organização da economia através de dados e dos conhecimentos gerados a partir de sua estruturação pode ser denominada de Economia da Informação (quando se toma se toma por base a ótica da existência de valor intrínseco aos dados) ou do Conhecimento (quando se toma por base o conhecimento gerado a partir destes dados)[5].

Fato é que, quanto mais se conhecem os elementos que circundam o negócio, mais ele ganha eficiência e, por consequência, competitividade. Por conceito, conhecimento é a interpretação de informações que, por sua vez, são constituídas por meio da estruturação de dados[6]. Logo, é indispensável aos negócios buscarem obter dados das mais diversas formas, com o fim de se gerar conhecimento para suas atividades.

Especialmente na realidade em que vivemos, produzimos dados ao assistir televisão, ao movimentar um celular, ao bater o ponto no local de trabalho, ao ser filmado por câmeras, ao conversar próximo a dispositivos eletrônicos, entre diversas outras atividades. Não suficiente, o avanço tecnológico vem possibilitando a intensa comunicação entre máquinas que, por seu turno, geram ainda mais dados[7].

É justamente neste cenário que surge o Big Data, que pode ser conceituado como o "fenômeno de massificação de elementos de produção e armazenamento de dados, bem como os processos e tecnologias para extraí-los e examiná-los"[8].

Segundo Felipe Nery Rodrigues Machado, o Big Data e suas ferramentas podem ser utilizados para obter *insights* com potencial de levar as companhias a melhores decisões, se contarem

[5] Ibidem, pág. 11.

[6] AMARAL, Fernando. **Introdução à Ciência de dados: mineração de dados e Big Data**. Rio de Janeiro: Alta Books, 2016. (livro digital não paginado)

[7] Ibidem. (livro digital não paginado)

[8] Ibidem. (livro digital não paginado)

com dados de qualidade[9]. Em seu desdobramento de análise de dados (Big Data *Analytics*), é possível encontrar correlações relevantes em dados que, em um primeiro momento, não teriam qualquer aproximação, como registros de *call center*, postagens de redes sociais, dados de *Customer Relationship Management*, balanços patrimoniais de empresas, entre outros[10].

O autor menciona também ser possível verificar que, em um ambiente de competição, empresas que não contam com esta tecnologia vêm enfrentando dificuldades insuperáveis, o que culmina em seu fechamento[11].

Logo, não há qualquer dúvida de que estamos diante de uma clara corrida pelo desenvolvimento e sobrevivência das empresas, que alinha a inteligência de negócio ao Big Data.

1.2. *Business intelligence* e sua relação com o desenvolvimento tecnológico

Business Intelligence (BI) é o termo cunhado pelo Gartner Group para abarcar ferramentas, arquiteturas, bancos de dados e metodologias direcionadas a gestores de negócio, que se tornam aptos a analisar informações e tomar decisões de acordo com os dados estruturados e organizados.

Apesar de seu surgimento na década de 1990, nota-se que desde os anos 1970 gestores contavam com sistemas de informação gerencial. Já nos anos 1980, sobreveio o conceito de Sistemas de Informação Executiva (IES), que se expandiu por meio da popularização de computadores em ambientes corporativos, provendo aos executivos acessos a relatórios dinâmicos, prognósticos, provisões e análises de tendências. Na década de 1990, recursos já conhecidos e novos apareceram sob a denominação

[9] Machado, Felipe Ney Rodrigues. **Big Data: O Futuro dos Dados e Aplicações.** São Paulo: Editora Saraiva, 2018. (livro digital não paginado)

[10] Ibidem. (livro digital não paginado)

[11] Ibidem. (livro digital não paginado)

de BI. A partir de 2005, os recursos de BI passaram a incorporar itens como Inteligência Artificial (IA) e outros poderosos recursos de análise[12].

O BI pode ser dividido em quatro elementos essenciais: o *Data Warehouse* (DW), com os dados-fonte de análise de negócios; o conjunto de ferramentas voltadas ao processamento e análise dos dados contidos no DW; o *Business Performance Management* (BPM), voltado a monitoria e análise de desempenho; e uma interface do usuário (ou *dashboard*). Para fins de desenvolvimento do presente trabalho, será apresentado maior foco na utilização de sistemas de análise de dados, uma vez que este é o ponto chave de tratamento de dados pessoais[13].

Com ciclos de negócios cada vez menores, obrigações de registros de operações e de legitimidade das informações, somados a massiva e descentralizada coleta de dados de negócio, a adoção de tecnologias diretamente ligadas ao Big Data se fazem presentes como pilares decisivos para a obtenção das informações certas, na hora certa e no lugar certo[14].

1.3. Inteligência Artificial, *Machine Learning* e o uso de dados pessoais

Dentro do ecossistema marcado pela relação entre BI e Big Data, é muito comum a utilização de sistemas automatizados de decisão, que através de um algoritmo são capazes de tomar decisões de rotina de negócios, como a concessão de um empréstimo, ou mesmo a precificação de produtos[15]. Outra utilidade interessante do Big Data para o BI, é a possibilidade de se realizar

[12] TURBAN, Efrain; SHARDA, Hamesh; ARSONSON, Jay E., KING, David. **Business Intelligence: Um Enfoque Gerencial para a inteligência de Negócio**. São Paulo: Bookman, 2009. Paginação irregular.

[13] Ibidem. (livro digital não paginado)

[14] Ibidem. (livro digital não paginado)

[15] Ibidem. (livro digital não paginado)

análises preditivas, ou seja, tecnologias que trabalham a partir de análises de dados com o objetivo de prever comportamentos futuros de indivíduos[16].

Este mar de possibilidades decorre do desenvolvimento da IA. Shabir e Anwer se referem à IA como a reprodução artificial de uma capacidade de adquirir e aplicar conhecimentos para solucionar determinados problemas, por meio de raciocínio e aprendizagem. Estas, por sua vez, ocorrem por funções cognitivas como linguagem, memória, planejamento e percepção, tudo executado artificialmente[17].

O desdobramento da IA é o *Machine Learning*, que utiliza algoritmos para possibilitar à máquina a identificação de padrões por conta própria e, a partir destes, prever padrões futuros[18].

A evolução do *Machine Learning* levou a técnicas como o *Deep Learning*, por meio da qual a máquina, organizada em redes neurais (unidades de processamento individuais interconectadas)[19], passa a entender e predizer padrões através de análises processadas em diferentes níveis cada vez mais refinados, que buscam selecionar padrões relevantes e descartar variações irrelevantes, com base em dados inseridos para avaliação.[20] Tal evolução somente foi possível por conta da crescente capacidade de

[16] SIEGUEL, Eric. **Análise Preditiva: o poder de prever quem vai clicar, comprar, mentir ou morrer**. Rio de janeiro: Alta Books, 2017. (livro digital não paginado)

[17] SHABBIR e ANWER, 2015 citado por HARTMAN, Fabiano Peixoto e SILVA, Roberta Zumblick Martins. **Inteligência Artificial e Direito – 1ª** Ed. Curtiba: Alteridade Editora, 2019. p. 20

[18] HARTMAN, Fabiano Peixoto e SILVA, Roberta Zumblick Martins. **Inteligência Artificial e Direito – 1ª Ed.** Curtiba: Alteridade Editora, 2019. Pág. 21.

[19] Ibidem, p. 97.

[20] HYATT, Salleh. **Applied Deep Learning with PyTorch: Demystify neural networks with PyTorch.** Brimingham: Packt Publshing Ltd, 2019. (livro digital não paginado)

armazenamento e processamento de dados vista nos últimos anos, o que possibilitou que tais programas pudessem acessar e processar bilhões de dados[21].

Fabiano Hartman e Roberta Silva destacam que tais habilidades de máquina são fatores disruptivos nas relações humanas, uma vez que possibilita às pessoas o foco em capacidades criativas, legando aos computadores trabalhos que demandam velocidade e precisão, especialmente aqueles com caráter repetitivo e de fidelização de parâmetros[22].

Naturalmente, o uso de dados pessoais para planejamento e tomadas de decisão no ambiente empresarial não poderia ser diferente. A possibilidade de coleta massiva de dados pessoais, sua estratificação e organização criam uma verdadeira sociedade de vigilância, por meio da qual os consumidores de bens e serviços ficam legados ao estado passivo do processamento de seus próprios dados[23].

Ao conhecer, segmentar e personificar cada vez mais os produtos e serviços a determinados perfis de consumidores, as empresas passam a direcionar as ações dos agentes de mercado, tudo isso por meio de seus dados pessoais, como geolocalização, histórico de visitas na web, histórico de compras, entre outros dados[24]. Um clássico exemplo prático é a utilização de ferramentas de *deep learning* em celulares, que possuem a capacidade de organizar fotos de acordo com o tipo de cenário apresentado (montanhas, praias, etc), ou mesmo o reconhecimento da letra escrita em uma folha de cheque pelo caixa eletrônico[25].

[21] Ibidem. (livro digital não paginado)

[22] Ibidem, pág. 21

[23] BIONI, Bruno Ricardo, **Proteção de Dados pessoais – a fundação e os limites do Consentimento.** Rio de Janeiro. Forense, 2019. p. 12 e 13.

[24] Ibidem, p. 14 e 15.

[25] SHINOHARA, Luciane. **Inteligência Artificial, Machine Learning e Deep Lerning** *in* PINHEIRO, Patrícia Peck (coord.). **Direito Digital Aplicado 3.0 – 1ª**

Diante do cenário em que o consumidor de produtos e serviços da economia do conhecimento se posiciona como um *stakeholder* estratégico e indispensável para a tomada de decisão e competitividade, é natural que as empresas criem ferramentas que coletem cada vez mais dados de clientes adquiridos e em potencial. Por esta razão, é possível encontrar ações como a do Facebook, que é capaz de coletar informações de atividades de usuários fora da rede social por um simples clique de "curtir" em um website[26]. Vivemos em uma sociedade tão focada na produção de dados que, enquanto no ano de 2018 foram produzidos 33 zetabytes, ou seja, 33 trilhões de gigabytes, no ano de 2025 a humanidade produzirá 175 zetabytes.[27]

Com o objetivo de se dar continuidade ao saudável desenvolvimento do mercado no ambiente da sociedade da informação, é preciso compreender o que de fato são dados pessoais e qual é a ótica de proteção revestida aos seus titulares.

1.4. A evolução da privacidade: do direito de ser deixado só à autodeterminação informativa

Conforme mencionado, nossa sociedade atravessou diversos ciclos industriais e sociais, que levaram à chamada Sociedade da Informação. Junto com tais mudanças, denota-se também que o próprio conceito de privacidade sofreu relevantes alterações.

Ao final do século XIX, a ideia de privacidade era vista como um mecanismo jurídico com o fim de "ser deixado só". Por meio deste, o indivíduo passou a exigir do Estado e dos particulares a

Ed. São Paulo: Thomson Reuters, 2018. p. 41

26 OVIDE Shira. **Facebook ousa cada vez mais na coleta dos seus dados para anúncios.** Exame, 2019. Disponível em https://exame.abril.com.br/tecnologia/facebook-cresce-demais-para-zelar-por-usuario/. Acesso em 05 de set. de 2019.

27 REINSEL, David; GANTZ, John; RYDNING, John. **The Digitalization of the World: From Edge to Core. An IDC White Paper.** Disponível em https://www.seagate.com/files/www-content/our-story/trends/files/idc-seagate-dataage-whitepaper.pdf. Acesso em 05 de set. de 2019.

natureza sigilosa de sua vida privada. Esta ideia foi consolidada pela publicação denominada *"The right to privacy"*, dos autores Samuel Warren e Louis Brandeis[28].

Nesse trabalho, os autores propuseram que o advento da fotografia e demais futuras tecnologias seriam capazes de violar a vida privada das pessoas[29]. Dentro dessa lógica, a proteção de dados pessoais passou a ser diretamente vinculada ao direito à privacidade, ganhando relevância coletiva, e até mesmo o *status* de direito constitucional[30], inclusive no Brasil[31].

Ocorre que, o avanço tecnológico e seus reflexos nas relações sociais e comerciais transformaram o direito a intimidade de maneira relevante, criando-se assim um novo espectro: o direito de o indivíduo ter controle sobre suas informações pessoais detidas por terceiros[32]. No Brasil, a proteção de dados pessoais vem até mesmo sendo discutida como um direito fundamental autônomo[33].

[28] WARREN, Samuel; BRENDIES, Louis apud. VAINZOFF, Rony *in* MANDONADO, Viviane Nóbrega; BLUM, Renato Ópice (coord.). **LGPD: Lei Geral de Proteção de Dados Comentada**. São Paulo: Thomson Reuters Brasil 2019. p. 25.

[29] Ibidem, p. 25.

[30] VAINZOFF, Rony *in* MANDONADO, Viviane Nóbrega; BLUM, Renato Ópice (coord.). **LGPD: Lei Geral de Proteção de Dados Comentada**. São Paulo: Thomson Reuters Brasil 2019. p. 25.

[31] BRASIL. Constituição (1988). Constituição da República Federativa do Brasil. Brasília, DF: Senado Federal: Centro Gráfico, 1988. Disponível em http://www.planalto.gov.br/ccivil_03/constituicao/constituicao.htm. Acesso em 12 de set. de 2019: "Art. 5º (...), inciso X – são invioláveis a intimidade, a vida privada, a honra e a imagem das pessoas, assegurado o direito a indenização pelo dano material ou moral decorrente de sua violação;".

[32] MENDES, Laura Schertel Ferreira. **Privacidade, Proteção de Dados e Defesa do Consumidor – Linhas Gerais de Um novo Direito Fundamental.** São Paulo: Saraiva, 2014 – Série IDP: linha pesquisa acadêmica. (livro digital não paginado)

[33] Durante o período de desenvolvimento desta obra, tramita no Congresso Nacional o Projeto de Emenda à Constituição Federal, que busca acrescentar o inciso XII-A, ao art. 5º, e o inciso XXX, ao Art. 22, da Constituição Federal, com

Isso porque, na sociedade da informação é possível verificar que a produção de dados e informações sobre os indivíduos não é mais uma via de mão única. O advento da internet, mecanismos de geolocalização, smartphones, câmeras de vigilância, entre outras ferramentas, levaram a uma verdadeira revolução, por meio da qual todas as pessoas passam a ser, ao mesmo tempo, agentes e sujeitos de um processo de produção de informações[34]. Os titulares dos dados não são mais os únicos detentores de suas informações pessoais, atualmente até mesmo os provedores de produtos ou serviços geram dados pessoais de seus clientes e funcionários, como no caso das aplicações que passam a entender nossas preferências pessoais para armazenamento de fotos[35] ou organização de e-mails[36].

Este desdobramento da privacidade surge na jurisprudência alemã como a Autodeterminação Informativa, tese que começa a ser ventilada ainda na segunda metade do século XX. Segundo o Tribunal Constitucional Federal Alemão, este direito aborda não somente a proteção das informações pessoais em si, já protegidas constitucionalmente, mas também a liberdade comportamental, o acesso aos dados e as finalidades de sua utilização, os quais apresentam impactos diretos na privacidade e liberdade de comportamento[37].

o fim de incluir a proteção de dados pessoais entre os direitos fundamentais do cidadão e fixar a competência privativa da União para legislar sobre a matéria.

[34] SAUAIA, Hugo Moreira Lima. **A proteção dos dados pessoais no Brasil.** Rio de Janeiro: Lumen Juris, 2019. (livro digital não paginado)

[35] SHINOHARA, Luciane. **Inteligência Artificial, Machine Learning e Deep Lerning** *in* PINHEIRO, Patrícia Peck (coord.). **Direito Digital Aplicado 3.0 – 1ª Ed.** São Paulo: Thomson Reuters, 2018. p. 41

[36] VINCENT, James. **"Gmail is now blocking 100 million extra spam messages every day with AI".** The Verge, 60/02/2019. Disponível em https://www.theverge.com/2019/2/6/18213453/gmail-tensorflow-machine-learning-spam-100-million. Acesso em 8 de setembro de 2019.

[37] MENKE, Fabiano. **"A proteção dedados e o novo direito fundamental À garantia da confidencialidade e da integridade dos sistemas técnico-**

Nessa ótica, a proteção da privacidade apresenta um caráter estático de seu direito de ser deixado só, e uma concepção de caráter dinâmico, por meio da qual o titular do dado pessoal passa a ter o direito de controle de seus dados pessoais durante o integral ciclo de vida do tratamento do dado, que vai da coleta até o seu descarte[38]. Esta concepção é claramente adotada por todo o *General Data Protection Regulation* (GDPR) europeu[39], e até mesmo no Brasil, sendo um dos fundamentos de nossa Lei Geral de Proteção de Dados (LGPD)[40].

Mesmo antes da entrada em vigor da LGPD, a jurisprudência brasileira vem se manifestando sobre o caráter constitucional da autodeterminação informativa, como é o caso de precedentes da Ministra Nancy Andrighi:

> Os direitos à intimidade e à proteção da vida privada, diretamente relacionados à utilização de dados pessoais por bancos de dados de proteção ao crédito, consagram o direito à autodeterminação informativa e encontram guarida constitucional no art. 5º, X, da Carta Magna, que deve ser aplicado nas relações entre

informacionais no direito alemão" *in* MENDES, Gilmar Ferreira; SARLET, Ingo Wolfgang; COELHO, Alexandre Zavaglia (coord.). **Direito, Inovação e Tecnologia – Volume 1**. São Paulo: Saraiva, 2017. p. 218, 219.

[38] VAINZOFF, Rony *in* MANDONADO, Viviane Nóbrega; BLUM, Renato Ópice (coord.). **LGPD: Lei Geral de Proteção de Dados Comentada**. São Paulo: Thomson Reuters Brasil 2019. p. 25.

[39] UNIÃO EUROPEIA. Regulation (EU) 2016/679 of the European parliament and of the Council of 27 April 2016 on the protection of natural persons with regard to the processing of personal data and on the free movement of such data, and repealing Directive 95/46/EC (General Data Protection Regulation). Disponível em https://eur-lex.europa.eu/legal-content/EN/TXT/PDF/?uri=CELEX:32016R0679&from=EN – acesso em 25 de abril de 2019.

[40] BRASIL. Lei Federal nº 13.709, de 14 de agosto de 2018. Lei Geral de Proteção de Dados Pessoais (LGPD). **Palácio do Planalto Presidência da República**. Brasília, DF, 14/08/2018. Disponível em http://www.planalto.gov.br/ccivil_03/_Ato2015-2018/2018/Lei/L13709.htm. Acesso em 8 de setembro de 2019

particulares por força de sua eficácia horizontal e privilegiado por imposição do princípio da máxima efetividade dos direitos fundamentais.[41]

Por esta razão, é possível notar que os reflexos da autodeterminação informativa podem ser vistos em claríssimos efeitos práticos, com consequências danosas às empresas e a toda a sociedade quando não observadas, como no famoso caso dos *Cambridge Analytica Files*[42].

No Brasil, existem diversos exemplos relevantes anteriores à integral entrada em vigor da LGPD, prevista para 16 de agosto de 2020. Estes são os casos do site Decolar.com, multado em R$ 7.500.000,00 por criar diferenciações de preço entre consumidores por conta de sua geolocalização (*geopricing*)[43], e a investigação do Ministério Público do Distrito Federal e Territórios (MPDFT) sobre o uso indevido de dados de clientes pela operadora Vivo, com fins publicitários[44].

Fato é que a coleta e utilização de dados por empresas se aponta como um verdadeiro imperativo para o desenvolvimento

[41] BRASIL. Superior Tribunal de Justiça. Embargos de Declaração no Recurso Especial 1630889 DF 2016/0263665-1. Boa Vista Serviços S.A. e Ministério Público Federal. Relator: Ministra Nancy Andrighi. Data de Publicação: DJe 26/12/2018.

[42] CADWALLADR, Carole; GRAHAM-HARRISON, Emma. **Revealed: 50 million Facebook profiles harvested for Cambridge Analytica in major data breach**. The Guardian, 17/03/2018. https://www.theguardian.com/news/series/cambridge-analytica-files. Acesso em 8 de setembro de 2019.

[43] DECOLAR.COM é multada em R$ 7,5 milhões por diferenciação de preço. O Globo. Rio de Janeiro, 18/06/2018. Disponível em https://oglobo.globo.com/economia/defesa-do-consumidor/decolarcom-multada-em-75-milhoes-por-diferenciacao-de-preco-22794582. Acesso em 8 de setembro de 2019.

[44] MPDFT pede à Justiça a suspensão de serviço da operadora Vivo. Jornal de Brasília, Brasília, 31/07/2019. https://jornaldebrasilia.com.br/cidades/mpdft-pede-a-justica-a-suspensao-de-servico-da-operadora-vivo/. Acesso em 8 de set. de 2019.

dos negócios, especialmente em um cenário em que a disputa pela inteligência de negócio por meio de ferramentas cada vezes mais inteligentes torna o Big Data e o acesso a dados pessoais uma verdadeira questão de sobrevivência.

Diante deste cenário, cumpre compreender quais seriam os fundamentos legais para utilização dos dados pelas empresas de forma ágil e eficiente, com o fim de desenvolvimento de seus próprios negócios, aumento de competitividade e entrega mais eficiente dos produtos e serviços no mercado de consumo.

2. Tratamento de dados pessoais na Sociedade da Informação

2.1. O novo cenário do tratamento de dados pessoais pós GDPR

Conforme ventilado no capítulo anterior, a aquisição de dados constitui fator imperativo para o crescimento dos negócios, o que gerou inúmeros benefícios não somente para as instituições interessadas, mas também para os próprios clientes, que podem ter acesso a ofertas e produtos cada vez mais úteis e precisos.

Entretanto, a superveniência da autodeterminação informativa surge como um instrumento aos titulares de dados pessoais, que passaram a ter ferramentas legais e judiciais com o fim de possuir maior controle sobre a coleta e utilização.

A consolidação deste processo no Brasil se deu com a entrada em vigor da LGPD. Esta lei traz em seu bojo não somente direitos aos titulares de dados, mas também ferramentas para seu exercício, a criação de uma Autoridade Nacional de Proteção de Dados, além de obrigações e responsabilidades para aqueles que tratam dados, desde a sua coleta até seu efetivo descarte[45].

[45] BRASIL. Lei Federal nº 13.709, de 14 de agosto de 2018. Lei Geral de Proteção de Dados Pessoais (LGPD). **Palácio do Planalto Presidência da República**. Brasília, DF, 14/08/2018. Disponível em http://www.planalto.gov.br/ccivil_03/_Ato2015-2018/2018/Lei/L13709.htm. Acesso em 8 de set. de 2019.

Para fins da LGPD e GDPR, dado pessoal é "informação relacionada a pessoa natural identificada ou identificável"[46]. Tanto a LGPD como a GDPR trazem ainda categorias especiais de dados, cuja carga de proteção legal apresenta rigor ainda maior. No Brasil, temos os dados de crianças e adolescentes (que apresentam restrições especiais em seu tratamento) e os dados sensíveis, sendo estes aqueles sobre origem racial ou étnica, convicção religiosa, opinião política, filiação a sindicato ou a organização de caráter religioso, filosófico ou político, dado referente à saúde ou à vida sexual, dado genético ou biométrico, quando vinculado a uma pessoa natural[47].

Nota-se claramente a existência de um escopo expansionista do conceito de dados pessoais, sendo estes não apenas dados diretamente identificáveis de um indivíduo (como um RG, CPF ou fotografia), mas também dados que possam por um conjunto, levá-los à sua identificação[48]. Tal visão é necessária pois, conforme já descrito neste trabalho, a identidade de uma pessoa vai muito além de atributos diretos, compreendendo também fatores envolvendo padrões de comportamento e fatos associáveis ao indivíduo[49].

Desnecessário dizer que a abrangência de um escopo da lei acaba por implicar na extensão do exercício da autodeterminação informativa. Como consequência, a partir da entrada em vigor das disposições da LGPD aplicáveis à titulares de dados pessoais e aos agentes de tratamento de dados, a coleta de dados

[46] Ibidem, Art. 5º, inciso I

[47] Ibidem, Art. 5º, Inciso II

[48] VAINZOFF, Rony *in* MANDONADO, Viviane Nóbrega; BLUM, Renato Ópice (coord.). **LGPD: Lei Geral de Proteção de Dados Comentada**. São Paulo: Thomson Reuters Brasil 2019. p. 89.

[49] LESSING, 2006 citado em VAINZOFF, Rony *in* MANDONADO, Viviane Nóbrega; BLUM, Renato Ópice (coord.). **LGPD: Lei Geral de Proteção de Dados Comentada**. São Paulo: Thomson Reuters Brasil 2019. p. 89.

pessoais deverá seguir uma série de princípios e diretrizes, tais como a finalidade, utilização mínima de dados pessoais, livre acesso a tais dados pelo titular, qualidade dos dados, transparência em sua utilização, segurança em sua conservação, prevenção de riscos aos dados tratados, não utilização para fins discriminatórios e a responsabilização pelo tratamento através da adoção de medidas de segurança prévias e eficazes[50]. A GDPR, por seu turno, apresenta parâmetros muito semelhantes.

Dessa forma, a simples coleta de dados junto ao titular não é mais suficiente para garantir à instituição que seu processamento poderá ser livre de qualquer risco[51]. Um recente exemplo da necessidade de adequação às novas normativas que demandam o alinhamento entre a base legal de seu tratamento, a finalidade a qual se destinam e a adequação entre estes dois fatores é a vultuosa multa à qual a empresa PRICEWATERHOUSE-COOPERS BUSINESS SOLUTIONS SA (PWC) foi submetida pela Autoridade de Proteção de Dados Grega (Hellenic Data Protection Authority), em decorrência de violações ao GDPR. Em síntese, a PWC coletou dados pessoais de seus empregados com base em consentimento, ao passo que, utilizou-os para fins de seus próprios interesses.

Segundo a referida autoridade, o consentimento provido por um empregado não poderia ser considerado livre, dada a desigualdade inerente à relação de trabalho[52], razão pela qual

[50] Ibidem, Art. 6º.

[51] Neste trabalho, não serão abordados riscos decorrentes de eventos de privacidade, mas estes devem ser levados em conta pelo agente durante o processo de negócio de decisão de tratamento.

[52] GRÉCIA. Hellenic Data Protection Authority. "SUMMARY OF HELLENIC DPA'S DECISION NO 26/2019". Disponível em https://www.dpa.gr/pls/portal/docs/PAGE/APDPX/ENGLISH_INDEX/DECISIONS/SUMMARY%20OF%20DECISION%2026_2019%20(EN).PDF. Acesso em 8 de setembro de 2019.

deveria a PWC coletar e utilizar os dados com base em legítimo interesse, cumprindo os demais requisitos legais a ele atinentes. Como consequência, a empresa foi multada em 150 mil euros[53].

De qualquer forma, a utilização de dados pessoais pelas empresas não pode, de forma alguma, ser demonizada pela legislação e autoridades legais. Especialmente no Brasil, a LGPD é claríssima em indicar que um de seus fundamentos é justamente o desenvolvimento econômico, tecnológico e a inovação[54].

Nota-se, inclusive, que até mesmo o governo brasileiro já vem adotando medidas legais para adequar o país ao crescente processo de transformação digital. Um exemplo é a criação do Sistema Nacional de Transformação Digital (SNDT)[55]. Por meio deste, verifica-se um claro reconhecimento de que a economia baseada em dados é fator estratégico para o desenvolvimento do País, além de propor incentivos ao fortalecimento da infraestrutura de dados, capacitação técnica e segurança na proteção de dados pessoais[56].

Por esta razão, é indispensável entender quais seriam as bases legais aplicáveis a finalidades de inteligência de negócios,

[53] Ibidem.

[54] BRASIL. Lei Federal nº 13.709, de 14 de agosto de 2018. Lei Geral de Proteção de Dados Pessoais (LGPD). **Palácio do Planalto Presidência da República**. Brasília, DF, 14/08/2018. Disponível em http://www.planalto.gov.br/ccivil_03/_Ato2015-2018/2018/Lei/L13709.htm. Acesso em 8 de setembro de 2019. Art. 2º, inciso V.

[55] BRASIL. Decreto Federal nº 9.319, de 21 de março de 2018. Institui o Sistema Nacional para a Transformação Digital e estabelece a estrutura de governança para a implantação da Estratégia Brasileira para a Transformação Digital. **Palácio do Planalto Presidência da República**. Brasília, DF, Diário Oficial da União – Seção 1 – 22/3/2018, Página 2. Acesso em 8 de setembro de 2019.

[56] VAINZOFF, Rony *in* MANDONADO, Viviane Nóbrega; BLUM, Renato Ópice (coord.). **LGPD: Lei Geral de Proteção de Dados Comentada**. São Paulo: Thomson Reuters Brasil 2019. p. 38.

ou seja, aquelas voltadas ao desenvolvimento da empresa, pesquisa e desenvolvimento, e que não implique necessariamente na entrega de um produto ou serviço específico ao titular do dado pessoal que submeteu suas informações.

2.2. O *purpose limitation* e o consentimento contextual

No texto da LGPD, as bases legais de tratamento de dados pessoais se encontram nos artigos 7º (para dados pessoais comuns), e 11 (para dados pessoais sensíveis). O artigo 7º apresenta 10 hipóteses, enquanto que o artigo 11 apresenta oito. O consentimento é uma das hipóteses tanto para dados pessoais como para dados sensíveis, sendo que todas as demais bases legais dispensam a necessidade da coleta de manifestação de vontade, sem qualquer prejuízo de sua validade[57].

Mesmo diante deste fato, o agente de tratamento[58] de dados que realiza a coleta de dados ainda assim deverá observar especialmente a função de adequação entre a base legal de coleta e a finalidade efetivamente aplicada quando do processamento do dado em seus sistemas[59], o que deve ser informado ao titular do dado pessoal. Trata-se do chamado princípio da adequação conforme o texto da LGPD[60], ou *purpose limitation*, nos termos descritos pela doutrina[61] e na GDPR[62].

[57] Lima, Caio César *in* Mandonado, Viviane Nóbrega; BLUM, Renato Ópice (coord.). **LGPD: Lei Geral de Proteção de Dados Comentada**. São Paulo: Thomson Reuters Brasil 2019. p. 179.

[58] BRASIL. Lei Federal nº 13.709, de 14 de agosto de 2018. Lei Geral de Proteção de Dados Pessoais (LGPD). **Palácio do Planalto Presidência da República**. Brasília, DF, 14/08/2018. Disponível em http://www.planalto.gov.br/ccivil_03/_Ato2015-2018/2018/Lei/L13709.htm. Acesso em 8 de setembro de 2019. Art. 5º, inciso IX.

[59] Ibidem, Art. 6º inciso I.

[60] Ibidem, Art. 6º, inciso II.

[61] Bioni, Bruno Ricardo, **Proteção de Dados pessoais – a fundação e os limites do Consentimento**. Rio de Janeiro. Forense, 2019. p. 238.

Evidente que em um cenário de Big Data, em que o processamento de dados ocorre de forma extremamente dinâmica e para fins que se desenvolvem durante este processamento, não haveria uma perfeita compatibilidade com o exercício tradicional da autodeterminação informativa e sua limitação de propósito[63], especialmente conforme descrito nos termos da LGPD[64].

A solução doutrinaria sobreveio por meio da teoria do consentimento contextual. Nas palavras de Bruno Bioni "o fluxo informacional deve ser apropriado de acordo com as suas respectivas esferas social"[65], ou seja, ainda que tais dados não se coletem por meio de consentimento, sua utilização deve observar uma legítima expectativa do titular do dado pessoal[66].

Neste sentido, Lokke Moerel e Coren Prins destacam que, em uma sociedade movida por dados, estes não são mais um mero subproduto de um produto ou serviço a ser entregue ao titular. O tratamento de dados se confunde justamente com o produto ou serviço a ser entregue, uma vez que os dados pro-

[62] UNIÃO EUROPEIA. Regulation (EU) 2016/679 of the European parliament and of the Council of [27] April 2016 on the protection of natural persons with regard to the processing of personal data and on the free movement of such data, and repealing Directive 95/46/EC (General Data Protection Regulation). Disponível em https://eur-lex.europa.eu/legal-content/EN/TXT/PDF/?uri=CELEX:32016R0679&from=EN. Acesso em 25 de abril de 2019. Art. 5, 1, (b).

[63] Bioni, Bruno Ricardo, **Proteção de Dados pessoais – a fundação e os limites do Consentimento.** Rio de Janeiro. Forense, 2019. p. 240.

[64] BRASIL. Lei Federal nº 13.709, de 14 de agosto de 2018. Lei Geral de Proteção de Dados Pessoais (LGPD). **Palácio do Planalto Presidência da República**. Brasília, DF, 14/08/2018. Disponível em http://www.planalto.gov.br/ccivil_03/_Ato2015-2018/2018/Lei/L13709.htm. Acesso em 8 de setembro de 2019. Art. 5º, inciso XII.

[65] Bioni, Bruno Ricardo, **Proteção de Dados pessoais – a fundação e os limites do Consentimento.** Rio de Janeiro. Forense, 2019. p. 242.

[66] Ibidem, p. 246.

movem uma adequação deste produto ou serviço aos interesses do titular[67].

A tradução do consentimento contextual na LGPD se encontra descrito no Art. 7º, inciso IX[68], ao se propor que seria lícito o tratamento de dados com o fim de atendimento de interesses do controlador ou de terceiros, resguardados os direitos do titular de dados pessoais[69].

Com efeito, resta analisar os parâmetros de utilização desta base legal, seus limites e a possibilidade e efetiva aplicação para fins de inteligência de negócios.

2.3. Limites e perspectivas para o tratamento de dados pessoais com base no interesse legítimo

Diante do moderno BI, sua aplicação em ferramentas de Big Data e a necessidade de uma dinâmica fluida entre o consentimento contextual e a constante renovação do tratamento de dados pessoais, é indispensável compreender o espectro do chamado "legítimo interesse", apresentado no Art. 7º, inciso IX da LGPD[70].

[67] MOEREL, Lokke; PRINS, Corien. **On the Death os Purpose Limitation**. IAPP, 02/06/2018. Disponível em https://iapp.org/news/a/on-the-death-of-purpose-limitation/. Acessado em 10/09/2019.

[68] BRASIL. Lei Federal nº 13.709, de 14 de agosto de 2018. Lei Geral de Proteção de Dados Pessoais (LGPD). **Palácio do Planalto Presidência da República**. Brasília, DF, 14/08/2018. Disponível em http://www.planalto.gov.br/ccivil_03/_Ato2015-2018/2018/Lei/L13709.htm. Acesso em 8 de setembro de 2019. Art. 7º, inciso IX.

[69] BIONI, Bruno Ricardo, **Proteção de Dados pessoais – a fundação e os limites do Consentimento**. Rio de Janeiro. Forense, 2019. p. 242.

[70] BRASIL. Lei Federal nº 13.709, de 14 de agosto de 2018. Lei Geral de Proteção de Dados Pessoais (LGPD). **Palácio do Planalto Presidência da República**. Brasília, DF, 14/08/2018. Disponível em http://www.planalto.gov.br/ccivil_03/_Ato2015-2018/2018/Lei/L13709.htm. Acesso em 8 de setembro de 2019. Art. 7º, inciso IX

Este é detalhadamente descrito na LGPD em seu Art. 10[71], que propõe um teste de ponderação, com o fim de assegurar a inexistência de conflitos com direitos e liberdades do titular dos dados pessoais[72].

O dispositivo determina que o legitimo interesse deve ser fundado em finalidades legítimas a partir de situações concretas. A questão do interesse foi trazida de forma relevante na Europa pelo Article 29 Data Protection Working Party, ao propor que, diferentemente do propósito, o tal interesse seria a intenção a ser atingida por meio do propósito específico de tratamento do dado[73]. Já no que compete às situações concretas, Caio Cesar Lima menciona que esta pode ser compreendida como uma relação jurídica entre o controlador do dado pessoal e seu titular, que gere a este último a existência de uma expectativa de tratamento de dados pessoais[74].

A legitimidade deste interesse, por seu turno, é proposta pelo Article 29 Data Protection Working Party como aquela legalmente viável, além de clara e presente o suficiente a ponto de ser possível sua submissão ao teste de balanceamento[75].

71 Ibidem. Art. 10.

72 Ibidem, Art. 7º, inciso IX.

73 ARTICLE 29 DATA PROTECTION WORKING PARTY. Opinion 06/2014 on the notion of legitimate interests of the data controller under Article 7 of Directive 95/46/EC. Bruxelas, 09/04/204. Disponível em: https://ec.europa.eu/justice/article-29/documentation/opinion-recommendation/files/2014/wp217_en.pdf. Acessado em: 11/09/2019. Neste documento, é apresentado o exemplo de uma empresa que tem o interesse em garantir a saúde e segurança de seus empregados e, para isso, trata dados pessoais com a finalidade de implementação de procedimento de acessos.

74 LIMA, Caio César *in* MANDONADO, Viviane Nóbrega; BLUM, Renato Ópice (coord.). **LGPD: Lei Geral de Proteção de Dados Comentada**. São Paulo: Thomson Reuters Brasil 2019. p. 194

75 ARTICLE 29 DATA PROTECTION WORKING PARTY. Opinion 06/2014 on the notion of legitimate interests of the data controller under Article 7 of Directive 95/46/EC. Bruxelas, 09/04/204. Disponível em: https://ec.europa.

Quando se trata da utilização de ferramentas de Big Data para BI, e partindo-se do pressuposto de que a utilização dos dados não implica em violação de direitos ao titular, verifica-se ser clara a sua legitimidade. Isso porque, o desenvolvimento econômico e tecnológico, a inovação, a livre iniciativa e a livre concorrência constituem fundamentos da própria LGPD[76].

Nos incisos do Art. 10 da LGPD, temos casos exemplificativos, sendo o apoio e promoção das atividades do controlador (inciso I) e a proteção do exercício de direitos do titular e prestação dos serviços em seu benefício, respeitadas suas expectativas e direitos (inciso II)[77].

Curiosamente, a opção do legislador brasileiro de legar o tal respeito às expectativas do titular ao uso dos dados foi exposta tão somente no inciso II do Art. 10 da LGPD, inexistindo no inciso I. Essa diferenciação não foi abordada no GDPR, que propôs no Art. 6, (f), a possibilidade de utilização desta base legal, observados os "interesses ou direitos e liberdades fundamentais do titular"[78].

eu/justice/article-29/documentation/opinion-recommendation/files/2014/wp217_en.pdf. Acessado em: 11/09/2019.

[76] BRASIL. Lei Federal nº 13.709, de 14 de agosto de 2018. Lei Geral de Proteção de Dados Pessoais (LGPD). **Palácio do Planalto Presidência da República**. Brasília, DF, 14/08/2018. Disponível em http://www.planalto.gov.br/ccivil_03/_Ato2015-2018/2018/Lei/L13709.htm. Acesso em 8 de setembro de 2019. Art. 2º, incisos V e VI.

[77] BRASIL. Lei Federal nº 13.709, de 14 de agosto de 2018. Lei Geral de Proteção de Dados Pessoais (LGPD). **Palácio do Planalto Presidência da República**. Brasília, DF, 14/08/2018. Disponível em http://www.planalto.gov.br/ccivil_03/_Ato2015-2018/2018/Lei/L13709.htm. Acesso em 8 de setembro de 2019. Art. 10, incisos I e II.

[78] "processing is necessary for the purposes of the legitimate interests pursued by the controller or by a third party, except where such interests are overridden by the interests or fundamental rights and freedoms of the data subject which require protection of personal data, in particular where the data subject is a child." UNIÃO EUROPEIA. Regulation (EU) 2016/679 of the European

Seria o caso de dispensa de tal requisito para a hipótese de apoio às atividades do controlador (o que mais de aproxima do BI)? Não parece ser esta a hipótese, uma vez que a observância na expectativa do titular é fator fundamental para a constituição do consentimento contextual, pois a autodeterminação informativa vai além da simples possibilidade de se conferir ou não consentimento, mas sim uma verdadeira previsibilidade do fluxo dos dados pessoais[79].

Existem ainda ônus de caráter prático decorrentes de sua utilização, quais sejam, a adoção de medidas que garantam a minimização do uso de dados, transparência no tratamento de dados, além da necessidade de elaboração de um relatório de impacto à proteção de dados pessoais[80].

Logo, denota-se a existência de uma tensão em que, de um lado se tem a autodeterminação informativa e o direito de controle do fluxo informacional e, de outro, a ampliação do espectro do consentimento decorrente da privacidade contextual.

É assim necessário ao controlador realizar um teste de necessidade versus adequação ao caso concreto, com fim de compreender se de fato, o tratamento de dados pretendido atende a todos os requisitos dispostos acima[81].

Fato é que o tratamento de dados fluído e constantemente inovador vem se tornando uma verdadeira demanda do próprio

parliament and of the Council of 27 April 2016 on the protection of natural persons with regard to the processing of personal data and on the free movement of such data, and repealing Directive 95/46/EC (General Data Protection Regulation). Disponível em https://eur-lex.europa.eu/legal-content/EN/TXT/PDF/?uri=CELEX:32016R0679&from=EN. Acesso em 25 de abril de 2019.

79 BIONI, Bruno Ricardo, Proteção de Dados pessoais – a fundação e os limites do Consentimento. Rio de Janeiro. Forense, 2019. p. 246.

80 LIMA, Caio César *in* MANDONADO, Viviane Nóbrega; BLUM, Renato Ópice (coord.). **LGPD: Lei Geral de Proteção de Dados Comentada**. São Paulo: Thomson Reuters Brasil 2019. p. 196.

81 Ibidem, p. 196.

mercado de consumo, que busca experiências cada vez mais personalizadas. Uma pesquisa conduzida nos Estados Unidos indicou que 71% dos consumidores expressaram algum nível de frustração quando sua experiência de compra foi impessoal[82].

Naturalmente, a capacidade de processamento de bases de dados pessoais com o fim de se gerar mais eficiência às empresas, melhorar sua relação com seus *stakeholders* e promover seus negócios devem ser vistas como bem-vindas, dentro de uma relação de transparência e boa-fé entre o controlador dos dados pessoais e o titular, assegurando os preceitos legais e garantindo a segurança dos dados pessoais.

Conclusões

Nossa sociedade é marcada de forma clara pela produção e utilização de dados, especialmente dados pessoais. A cada dia são criados dispositivos capazes de rastrear e registrar os mais singelos detalhes da vida das pessoas. Estes dados, se coletados com qualidade e devidamente utilizados, tem o potencial de criar empresas muito mais inteligentes e relações com clientes muito mais relevantes.

Esta demanda, tanto das empresas quanto dos próprios consumidores, somente é possível ser atingida por meio do desenvolvimento de tecnologias capazes de processar dados, descobrir correlações e prever padrões e comportamentos.

Como forma de proteger os titulares de dados pessoais de eventuais abusos por empresas e até mesmo governos, desde a segunda metade do século XX passou-se a discutir um novo espectro do direito à privacidade: a autodeterminação informativa. Por meio desta, os titulares passaram a ter o direito de

[82] SEGMENT. **The 2017 State of Personalization Report.** Disponível em http://grow.segment.com/Segment-2017-Personalization-Report.pdf. Acesso em: 11 de set. de 2019.

possuir controle efetivo sobre suas informações pessoais, e cada vez mais o consentimento válido e eficaz vem sendo visto como uma ferramenta de empoderamento dos titulares de dados.

A revolução trazida pela popularização da internet aprofundou ainda mais este cenário, criando uma nova relação entre os titulares de dados pessoais as empresas e governos. Neste momento, pessoas são tanto receptores de tecnologia quanto fomentadores de seu desenvolvimento. Porém, cria-se uma verdadeira tensão entre os direitos do titular de controle de seus dados e a impossibilidade de contínua obtenção de consentimento, própria de tecnologias relacionadas ao Big Data.

Como forma de corresponder ao crescente e fluido processamento de dados pelas empresas e a necessidade de fomento das atividades de desenvolvimento dos negócios em favor de seus clientes, foi desenvolvido o conceito de interesse legítimo para utilização de dados que dispensa o consentimento nos termos legais, mas sem violar o relevante preceito da autodeterminação informativa.

Por esta razão, a utilização pelas empresas da base legal "interesse legítimo" surge como uma ferramenta decisiva para tratamento de dados com finalidades que prescindem de utilização de tecnologias como *Deep Learning*.

A premissa da utilização do legítimo interesse é a existência de um consentimento contextual, ou seja, a existência de uma relação entre o titular e o controlador de seu dado pessoal que crie uma expectativa de tratamento do dado pessoal. Realizado seu escorreito teste de balanceamento entre o tratamento pretendido e os direitos e liberdades do titular do dado pessoal, o interesse legítimo constitui base legal de processamento de dados totalmente adequada.

Neste sentido, verifica-se que a legislação de proteção de dados não somente apresenta como alguns de seus fundamentos o desenvolvimento econômico e a inovação tecnológica, o que claramente são as finalidades das ferramentas e tecnologias de inteligência de negócio. A LGPD apresenta também efetivos instrumentos que asseguram aos *stakeholders* envolvidos no tratamento de dados pessoais a efetiva segurança para a utilização de tecnologias que impulsionam negócios.

Referências

AMARAL, Fernando. **Introdução à Ciência de dados: mineração de dados e Big Data**. Rio de Janeiro: Alta Books, 2016.

ARTICLE 29 DATA PROTECTION WORKING PARTY. **Opinion 06/2014 on the notion of legitimate interests of the data controller**. Bruxelas, 2014. Disponível em: https://ec.europa.eu/justice/article-29/documentation/opinion-recommendation/files/2014/wp217_en.pdf. Acesso em: 11 de set. de 2019.

BIONI, Bruno Ricardo, **Proteção de Dados pessoais – a fundação e os limites do Consentimento**. Rio de Janeiro: Forense, 2019.

CADWALLADR, Carole; GRAHAM-HARRISON, Emma. ***Revealed: 50 million Facebook profiles harvested for Cambridge Analytica in major data breach***. The Guardian, 17/03/2018. https://www.theguardian.com/news/series/cambridge-analytica-files. Acesso em 8 de setembro de 2019.

DECOLAR.COM é multada em R$ 7,5 milhões por diferenciação de preço. O Globo, 2018. Disponível em https://oglobo.globo.com/economia/defesa-do-consumidor/decolarcom-multada-em-75-milhoes-por-diferenciacao-de-preco-22794582. Acesso em 8 de set. de 2019.

GRÉCIA. Hellenic Data Protection Authority. **SUMMARY OF HELLENIC DPA'S DECISION NO 26/2019**. Disponível em https://www.dpa.gr/pls/portal/docs/PAGE/APDPX/ENGLISH_INDEX/DECISIONS/SUMMARY%20OF%20DECISION%2026_2019%20(EN).PDF. Acesso em: 8 de set. de 2019.

HARTMAN, Fabiano Peixoto e SILVA, Roberta Zumblick Martins. **Inteligência Artificial e Direito – 1ª Ed**. Curtiba: Alteridade Editora, 2019.

HYATT, Salleh. **Applied Deep Learning with PyTorch: Demystify neural networks with PyTorch**. Brimingham: Packt Publshing Ltd, 2019.

MACHADO, Felipe Ney Rodrigues. **Big Data: O Futuro dos Dados e Aplicações**. São Paulo: Editora Saraiva, 2018.

MANDONADO, Viviane Nóbrega; BLUM, Renato Ópice (coord.). **LGPD: Lei Geral de Proteção de Dados Comentada**. São Paulo: Thomson Reuters Brasil 2019.

MENDES, Gilmar Ferreira; SARLET, Ingo Wolfgang; COELHO, Alexandre Zavaglia (coord.). **Direito, Inovação e Tecnologia – Volume 1**. São Paulo: Saraiva, 2017.

MENDES, Laura Schertel Ferreira. **Privacidade, Proteção de Dados e Defesa do Consumidor – Linhas Gerais de Um novo Direito Fundamental** – Série IDP: linha pesquisa acadêmica. São Paulo: Saraiva, 2014.

MOEREL, Lokke; PRINS, Corien. **On the Death of Purpose Limitation.** IAPP, 02/06/2018. Disponível em https://iapp.org/news/a/on-the-death-of-purpose-limitation/. Acesso em: 10 de set. de 2019.

MPDFT pede à Justiça a suspensão de serviço da operadora Vivo. Jornal de Brasília, 31/07/2019. https://jornaldebrasilia.com.br/cidades/mpdft-pede-a-justica-a-suspensao-de-servico-da-operadora-vivo/. Acesso em: 8 de set. de 2019.

PINHEIRO, Patrícia Peck (coord.). **Direito Digital Aplicado 3.0 – 1ª Ed.** São Paulo: Thomson Reuters, 2018.

REINSEL, David; GANTZ, John; RYDNING, John. **The Digitalization of the World: From Edge to Core. An IDC White Paper**. Disponível em https://www.seagate.com/files/www-content/our-story/trends/files/idc-seagate-dataage-whitepaper.pdf. Acesso em: 05 de set. de 2019.

SAUAIA, Hugo Moreira Lima. **A proteção dos dados pessoais no Brasil.** Rio de Janeiro: Lumen Juris, 2019.

SEGMENT. **The 2017 State of Personalization Report**. Disponível em http://grow.segment.com/Segment-2017-Personalization-Report.pdf. Acesso em: 11 de set. de 2019

SIEGUEL, Eric. **Análise Preditiva: o poder de prever quem vai clicar, comprar, mentir ou morrer**. Rio de janeiro: Alta Books, 2017

OVIDE Shira. **Facebook ousa cada vez mais na coleta dos seus dados para anúncios**. Exame, 27/02/2019. Disponível em https://exame.abril.com.br/tecnologia/facebook-cresce-demais-para-zelar-por-usuario/. Acesso em 05 de set. de 2019.

TURBAN, Efrain; SHARDA, Hamesh; ARSONSON, Jay E., KING, David. **Business Intelligence: Um Enfoque Gerencial para a inteligência de Negócio**. São Paulo: Bookman, 2009.

VINCENT, James. **Gmail is now blocking 100 million extra spam messages every day with AI.** The Verge, 60/02/2019. Disponível em https://www.theverge.com/2019/2/6/18213453/gmail-tensorflow-machine-learning-spam-100-million. Acesso em 8 de set.de 2019.

Legislação e Jurisprudência

BRASIL. **Constituição (1988)**. Constituição da República Federativa do Brasil. Brasília, DF: Senado Federal: Centro Gráfico, 1988. Disponível em http://www.planalto.gov.br/ccivil_03/constituicao/constituicao.htm. Acesso em 12 de set. de 2019.

BRASIL. **Decreto Federal nº 9.319, de 21 de março de 2018**. Institui o Sistema Nacional para a Transformação Digital e estabelece a estrutura de governança para a implantação da Estratégia Brasileira para a Transformação Digital. Palácio do Planalto Presidência da República. Brasília, DF, Diário Oficial da União – Seção 1 – 22/3/2018, Página 2. Disponível em http://www.planalto.gov.br/ccivil_03/_Ato2015-2018/2018/Decreto/D9319.htm. Acesso em 8 de set. de 2019.

BRASIL. **Lei Federal nº 13.709, de 14 de agosto de 2018**. Lei Geral de Proteção de Dados Pessoais (LGPD). Palácio do Planalto Presidência da República. Brasília, DF, 14/08/2018. Disponível em http://www.planalto.gov.br/ccivil_03/_Ato2015-2018/2018/Lei/L13709.htm. Acesso em 8 de set. de 2019.

BRASIL. Superior Tribunal de Justiça. **Embargos de Declaração no Recurso Especial 1630889 DF 2016/0263665-1**. Boa Vista Serviços S.A. e Ministério Público Federal. Relator: Ministra Nancy Andrighi. Data de Publicação: DJe 26/12/2018.

UNIÃO EUROPEIA. Regulation (EU) 2016/679 of the European parliament and of the Council of 27 April 2016 on the protection of natural persons with regard to the processing of personal data and on the free movement of such data, and repealing Directive 95/46/EC (General Data Protection Regulation). Disponível em https://eur-lex.europa.eu/legal-content/EN/TXT/PDF/?uri=CELEX:32016R0679&from=EN. Acesso em 25 de abril de 2019.

Efeito *Chancery Court* nas Varas Empresariais e de Conflitos Relacionados a Arbitragem de São Paulo: o que fazer para conter o Volume de Novos Processos Distribuídos para essas Duas Varas?

Mariana de Carvalho Rici

Introdução

O Estado de Delaware é conhecido como um dos melhores lugares no mundo para constituir empresas. Apesar de sua diminuta extensão geográfica, ele abriga cerca de um milhão de empresas e mais da metade das sociedades que compõem a lista da *Fortune 500* foram nele constituídas[1].

Essa reputação é atribuída a diversos fatores – como a Lei Geral Societária de Delaware -, mas o principal deles é a existência da *Court of Chancery*, criada em 1792 para resolver questões de direito das sociedades.

Após mais de 200 anos de jurisprudência acumulada, a Corte adquiriu alto nível de especialização e, além disso, é uma "court of equity"[2], o que significa que na resolução dos litígios

[1] Departamento Estadual de Sociedades de Delaware. **Relatório: Por que as sociedades escolhem Delaware.** Disponível em: https://corpfiles.delaware.gov/whycorporations_file_portuguese.pdf Acesso em: 26 ago. 2019.

[2] Cambridge University. **Cambridge Advanced Learner's Dictionary & Thesaurus**. Cambridge University Press. Disponível em: https://dictionary.cambridge.org/dictionary/english/court-of-equity?q=%22court+of+equity%22 Acesso em 31 ago. 2019.

que lhe são apresentados, está autorizada a aplicar princípios de equidade em oposição aos da lei.

No contexto empresarial, marcado por um dinamismo que o legislador, muitas vezes, não dá conta de acompanhar, a possibilidade de aplicar princípios de equidade é um chamariz. Empresários passaram a sediar suas empresas em Delaware para que eventuais litígios comerciais ficassem sob a jurisdição da *Court of Chancery*.

Estudo realizado pela Associação Brasileira de Jurimetria (ABJ) recentemente demonstrou que uma movimentação similar tem ocorrido no Estado de São Paulo.

Desde a inauguração da 1ª e 2ª Varas Empresariais e de Conflitos Relacionados à Arbitragem ("varas empresariais") pelo Tribunal de Justiça do Estado de São Paulo (TJSP), em 05 de dezembro de 2017, o empresariado paulistano, provavelmente atento à eficiência das novas varas, tem levado seus litígios ao Poder Judiciário cada vez mais.

Nos termos do Parecer da Corregedoria Geral da Justiça (CGJ) do Tribunal de Justiça do Estado de São Paulo no Processo nº 2006/0678, que determinou a criação das varas empresariais, a demanda esperada de processos empresariais era 1.602 novas distribuições no primeiro ano.

Após um ano de funcionamento das duas varas, o estudo da ABJ demonstrou que o número de processos distribuídos para as varas empresariais tem apresentado forte tendência de aumento. Chamaremos essa tendência de aumento de gravitação jurisdicional no presente artigo.

Definição de *court of equity*: "a court that can base its judgments on principles of equity. A system allowing fair judgment where no satisfactory laws exist rather than law".
Tradução livre: "uma corte que pode basear seus julgamentos em princípios de equidade. Um sistema que permite julgamento justo no qual não existem leis satisfatórias além do direito".

A quantidade de processos distribuídos em janeiro de 2018 praticamente duplicou em janeiro de 2019: de 80 processos distribuídos em janeiro de 2018, a demanda cresceu para cerca de 150 processos em janeiro de 2019.

Pesquisa empírica realizada pela OCDE revelou que o número de casos trazidos ao Poder Judiciário "é uma função entre a frequência de disputas em uma sociedade"[3], que é influenciada pelo volume e complexidade de transações econômicas, pela qualidade e quantidade de interações sociais e pela eficiência e integridade da administração pública.

A afirmativa acima sugere que a gravitação jurisdicional das varas empresariais poderia estar associada a um aumento de complexidade da economia e volume de transações.

Esse não parece ser esse o caso, pois desde a inauguração das varas empresariais em dezembro de 2017, o PIB[4] do Estado de São Paulo não sofreu alterações significativas a ponto de provocar a gravitação jurisdicional observada[5].

A Fundação Sistema Estadual de Análise de Dados (SEADE) apurou que o PIB paulista não apresentou variação (0,0%) no trimestre encerrado em março de 2019, em relação ao 4º tri-

[3] Organização de Cooperação e de Desenvolvimento Econômico. **Relatório: The economics of civil justice: New cross-country data and empirics**. (Working paper nº 1060), P. 38. Disponível em: https://www.oecd-ilibrary.org/docserver/5k41w04ds6kf-en.pdf?expires=1568083944&id=id&accname=guest&checksum=8599E6FD055E7084AA2A97568A67CBEA Acesso em: 09 set. 2019.

[4] Fundação Sistema Estadual de Análise de Dados. **Relatório do PIB trimestral do Estado de São Paulo no 1º trimestre de 2019**. Disponível em: http://www.seade.gov.br/produtos/midia/2019/06/Pib_Trimestral_1Trrim_2019-1.pdf. Acesso em 26 ago. 2019.

[5] Embora a competência territorial das varas empresariais se restrinja à comarca da capital, os dados quanto ao PIB de 2017, 2018 e 2019 só estavam disponíveis para todo o Estado de São Paulo e a informação mais recente do PIB municipal é de 2016, que não é útil para o artigo tendo em vista que as varas empresariais foram criadas em 2017.

mestre de 2018. Comparando os dados do PIB acumulado nos últimos quatro trimestres e o dos quatro trimestres imediatamente anteriores, verificou-se que o PIB do Estado avançou apenas 1,1% (um virgula um por cento).

Isso indica que o aumento no número de casos distribuídos às varas empresariais se deve ao fato de que elas estão se tornando um ambiente cada vez mais atrativo ao empresariado. Aquela empresa ou sócio que antes preferia resolver seus conflitos por conciliação, mediação ou arbitragem e que não recorria ao Poder Judiciário, agora recorre.

Os dados indicam que a sociedade tem se tornado cada vez mais engajada às varas empresariais.

Partindo da premissa de que o aumento da demanda pode ter um impacto negativo na eficiência das varas empresariais, o objetivo do artigo é investigar soluções para conter a gravitação jurisdicional.

Para tanto, o capítulo 2 é dedicado à importância da especialização da justiça e da preservação da eficiência das varas empresariais. Estudos realizados em diversas jurisdições demonstram que a especialização da justiça contribui para a melhora na qualidade das decisões e para o aumento da segurança jurídica e da celeridade, o que é fundamental para o tornar o ambiente de negócios mais atrativo[6].

[6] Tribunal de Justiça do Estado de São Paulo. **Parecer da Corregedoria Geral da Justiça do Tribunal de Justiça do Estado de São Paulo nos autos do Processo nº 2006/0678**, datado de 05 de dezembro de 2016. P. 10.
"A especialização das varas por assunto, para além da segurança jurídica decorrente da previsibilidade das decisões – tão cara no campo das relações negociais -, também gera (i) maior celeridade e (ii) maior qualidade técnica das decisões, na medida em que o juízo tende a ampliar seu conhecimento em termos sistemáticos (maior familiaridade com os princípio e regras do microssistema jurídico em questão), como em termos de profundidade de cada tema debatido (v.g., marcas, patentes e sociedades).

Ainda no primeiro capítulo, abordamos o conceito de viscosidade processual para explicar que a carga de trabalho associada ao julgamento de um processo empresarial é cerca de 2,09 vezes maior do que a de um processo cível comum.

Os itens do capítulo 3, apresentam as possíveis estratégias de contenção da gravitação, sendo a primeira delas a criação de uma 3ª Vara Empresarial e de Conflitos Relacionados à Arbitragem no Fórum Central. Esse item analisa, basicamente, se a demanda processual atual já é suficiente para tal medida nos termos do Provimento nº 82/2011 do TJSP, que trata da criação e instalação de novas varas.

Em seguida, no item 2.2, exploramos se a realização de ajustes no sistema de arrecadação de custas judiciais é uma solução viável para conter a gravitação jurisdicional.

Para tanto, após apresentar o modelo de custas do Estado de São Paulo (item 2.2.1), fazemos breves considerações no item 2.2.2 sobre as balizas e os obstáculos apresentados pela jurisprudência do Supremo Tribunal Federal a respeito das custas judiciais, chamando atenção à necessidade de haver um "teto" para cobrança e proporcionalidade entre o serviço prestado pelo Poder Judiciário e o valor cobrado do jurisdicionado.

O item 2.2.3 é dedicado a analisar de que forma é possível aumentar as custas judiciais. O item 2.2.4 analisa a extensão do benefício da justiça gratuita para pessoas jurídicas, traçando um paralelo entre a concessão desenfreada da gratuidade e tragédia dos comuns[7].

[7] LLOYD, William Forster, Two Lectures on the Checks to Population. **Oxford**. Oxford University Press, 1833. Disponível em: https://ia800903.us.archive.org/28/items/twolecturesonch00lloygoog/twolecturesonch00lloygoog.pdf. Acesso em 09 set. 2019; HARDIN, Garrett. The Tragedy of the Commons. **Science**, v. 162, nº 3859, 13 dez. 2019. P. 1243-1248. Disponível em: http://www.mcleveland.org/Class_reading/Hardin_Tragedy_of_the_Commons.pdf Acesso em: 30 ago. 2019.

Ao final da pesquisa, com base na quantidade de processos distribuídos até junho de 2019, foi possível estimar que até o final do mesmo ano as varas empresariais terão atraído processos suficientes para a criação de uma 3ª vara empresarial.

Em termos de contenção da gravitação, a pesquisa concluiu que seria eficiente aumentar, em pelo menos duas vezes, a alíquota de 1% que incide sobre o valor da causa no ato da distribuição.

Sem prejuízo do ajuste na alíquota, outra medida eficiente seria que os magistrados passassem a modular os efeitos da gratuidade judiciária concedida em favor de empresários ou a conceder esse benefício em menor volume.

Poderíamos, ainda, analisar se a realização de ajustes nos valores dos honorários advocatícios de sucumbência seria eficiente como medida de contenção da gravitação jurisdicional[8]. Todavia, o presente artigo não tratará desse tema.

1. A viscosidade associada aos processos empresariais e a importância de conter a gravitação jurisprudencial para garantir a eficiência das varas empresariais

O TJSP é o maior Tribunal do Brasil em termos de (i) casos novos distribuídos; (ii) casos pendentes de julgamento; (iii) número de magistrados; e (iv) força de trabalho – servidores e auxiliares[9]. Em 2017, o IBGE e a SEADE constataram que o Estado de São Paulo, sozinho, representa 31,93% do PIB brasileiro[10].

[8] Disponível em: http://www.oabgo.org.br/oab/noticias/artigo/03-11-2010-diminuicao-da-quantidade-de-demandas-atraves-da-fixacao-de-honorarios-advocaticios-de-sucumbencia/ Acesso em 31 jan. 2020.

[9] Conselho Nacional de Justiça. **Relatório Justiça em Números 2018**. Disponível em: http://www.cnj.jus.br/files/conteudo/arquivo/2018/09/8d9fae e7812d35a58cee3d92d2df2f25.pdf Acesso em 14 abr. 2019. P. 28.

[10] Disponível em: https://www.investe.sp.gov.br/por-que-sp/economia-diversificada/pib/ Acesso em 13 abr. 2019.

Considerando o tamanho do TJSP e a relação do porte desse Tribunal com o PIB do país, quanto mais eficiente for o Poder Judiciário nesse ambiente de negócios, melhor para a atividade empresarial e para a captação de investimento.

Nesse contexto, ganha relevância a discussão sobre a criação das varas especializadas.

Os principais argumentos a favor da especialização da justiça são (i) o aprimoramento técnico nas decisões judiciais; (ii) o aumento de segurança jurídica e; (iii) a maior celeridade na prolação dessas decisões.

O *Doing Business 2019*[11] revelou que há uma correlação positiva entre a especialização e a celeridade, pois as disputas empresariais são solucionadas 92 dias mais rápido em países com Cortes especializadas nesse tipo de litígio.

O mesmo relatório[12] também constatou que existe relação direta entre a qualidade do ambiente de negócios do país e a sua habilidade para resolver questões de direito empresarial:

[11] World Bank Group. **Relatório Doing Business 2019.** 16ª Ed. Disponível em: http://www.doingbusiness.org/content/dam/doingBusiness/media/Annual-Reports/English/DB2019-report_web-version.pdf Acesso em 14 abr. 2019. P. 53 "A well-prepared and robust judiciary is fundamental to the rule of law. The training of judges facilitates the prompt resolution of trials and can lead to judicial decisions of higher quality. Training can also foster greater uniformity and predictability of decisions and can increase public confidence in the legal system's ability to deal effectively with specialized matters. Well-trained judges maintain the rule of law through enduring principles and predictable processes, while also responding to a rapidly changing Society".
Tradução livre: Um Judiciário robusto e bem preparado é fundamental para o Estado de Direito. O treinamento dos juízes facilita a pronta resolução dos julgamentos e pode levar a decisões de mais qualidade. Treinar também pode fomentar a uniformidade e a previsibilidade das decisões e aumentar a confiança pública na habilidade de o sistema legal lidar eficazmente com assuntos especializados. Juízes bem treinados mantêm o Estado de Direito através de princípios duradouros e processos previsíveis, enquanto respondem a uma sociedade que muda rapidamente".

[12] "There is a positive correlation between an economy's judicial capacity in commercial law and the quality of its business environment, court efficacy and

> Há uma correlação positiva entre capacidade de o Poder Judiciário de determinada economia em Direito Empresarial e a qualidade de seu ambiente de negócios, a eficiência de suas Cortes e a confiança pública. Dados do *Doing Business* demonstram que das 155 economias analisadas, 120 oferecem treinamento para advogados praticantes, mas apenas 83 oferecem treinamento especializado em Direito Comercial e Coorporativo. Cerca de 76% das economias de alta renda oferecem treinamento especializado em Direito, ao passo que apenas 24% das economias de baixa renda o fazem. (tradução livre)

É dizer: quanto mais bem treinados forem os magistrados e mais especializada for a justiça em litígios empresariais, melhor será o ambiente de negócios e a capacidade de atrair investimento estrangeiro do país.

Pensando em atingir esses objetivos, o TJSP inaugurou a 1ª e a 2ª varas empresariais em 05 de dezembro de 2017.

Para que elas funcionem com a eficiência que a sociedade espera, não podem estar sobrecarregadas. Para verificar se há sobrecarga de trabalho nas varas empresariais, é preciso passar pelo conceito de "viscosidade".

Trata-se do tempo total gasto em dias pelos magistrados entre a ida dos processos à conclusão e a tomada de decisão, despacho ou prolação de sentença, até o encerramento em 1ª instância, conforme explica Marcelo Guedes Nunes[13]:

public confidence. *Doing Business* data for 155 economies show that 120 economies offer training to practicing lawyers, but only 83 provide specialized training on commercial and corporate law. Nearly 76% of high-income economies offer specialized legal training to practicing lawyers while only 24% of low-income economies do".

Ibid, P. 55.

[13] NUNES, Marcelo Guedes. "*Jurimetria: Como a Estatística Pode Reinventar O Direito.*" São Paulo: Editora Revista Dos Tribunais. 2016.

> A viscosidade processual pode ser definida como o conjunto de características estruturais de um processo, capazes de afetar a sua velocidade. [...] Seguindo na analogia, também alguns processos são mais viscosos que outros. Processos que envolvam matérias complexas, múltiplas partes ou a produção de provas técnicas elaboradas possuem uma estrutura íntima mais complexa e tendem a avançar mais lentamente do que casos simples, com duas partes e que envolvam a produção apenas de prova documental. Essa complexidade interna é o que chamamos de viscosidade processual, e sua mensuração é fundamental para administrar a carga de trabalho e as metas dos funcionários da justiça, como, por exemplo, na criação de regras para ponderar a distribuição de recursos para as câmaras reservadas.

Os estudos da ABJ revelaram que os processos empresariais são 2,09 vezes mais viscosos que os processos cíveis comuns, ou seja, que a carga de trabalho associada ao julgamento de um processo empresarial é cerca de 2,09 vezes maior do que a de um processo cível comum.

Essa característica, associada à informação de que o número de casos distribuídos nas varas especializadas quase duplicou de um ano para o outro – passando de 80 em janeiro de 2018 para 132 em janeiro de 2019 -, revela um dado importante.

Considerando a viscosidade dos processos empresariais, a demanda real exigida dos magistrados é equivalente a 132 novos processos x 2,09 (índice de viscosidade), o que, na prática, representa uma demanda de 275,88 novos processos cíveis em apenas um mês – não apenas os 132 novos processos distribuídos.

Essa é a verdadeira demanda de trabalho exigida dos juízes nas varas empresariais e precisa ser levada em conta. O quadro abaixo demonstra essa evolução:

QUADRO 1 – Demanda de trabalho nas Varas Empresariais

Processos empresariais distribuídos antes da criação das varas	1.602 novos processos por ano (média de 133 novos processos por mês)
Demanda real de processos empresariais antes da criação das varas (considerando a viscosidade)	Equivalente 3.349 novos processos por ano (média de 279 novos cíveis processos por mês)
Processos empresariais distribuídos em 2018	2.079 novos processos (média de 173 novos processos por mês)
Demanda real de trabalho em 2018 nas varas empresariais (considerando a viscosidade)	Equivalente 4.345 novos processos cíveis (média de 362 novos processos cíveis por mês)
Processos empresariais distribuídos em jan/2019	132 novos processos
Processos empresariais distribuídos em jan/2019 (considerando a viscosidade)	Equivalente a 275,88 novos processos cíveis
Processos empresariais distribuídos em jul/2019	204 novos processos
Processos empresariais distribuídos em jul/2019 (considerando a viscosidade)	Equivalente a 426 novos processos cíveis

Fonte: da Autora

Ao opinarem a favor da criação das varas empresariais, Juízes Assessores da CGJ[14] buscaram concretizar os princípios da

[14] Tribunal de Justiça do Estado de São Paulo. **Parecer da Corregedoria Geral da Justiça do Tribunal de Justiça do Estado de São Paulo nos autos do Processo nº 2006/0678**, datado de 05 de dezembro de 2016. P. 11 e 12. "Nesse aspecto, a economia e a eficiência do judiciário devem ser consideradas como justificativas para a criação das varas especializadas ora propugnadas, proposição cujo maior alcance prático facilmente se evidencia pelo natural estímulo reflexo à concretização de negócios no âmbito de competência dessas

economia, eficiência, celeridade e segurança jurídica. A *ratio* do Parecer foi que com a especialização "o trato da matéria empresarial será mais técnico e célere", imprimindo mais segurança jurídica ao ambiente de negócios e qualidade à resolução de conflitos empresariais.

Em um contexto de gravitação jurisdicional, nos deparamos com a seguinte questão: juízes sobrecarregados poderão atender aos objetivos que a CGJ almejou em seu Parecer? Poderão os Juízes sobrecarregados julgar os casos mais rapidamente e com maior rigor técnico?

A pesquisa da ABJ e o *Doing Business* 2019 são pesquisas extremamente atuais que revelam a importância de garantir o bom funcionamento dessas varas como forma de manter atrativo o ambiente de negócios do país.

O congestionamento das varas empresariais lhes afetará a eficiência e, a longo prazo, o acesso de todo o jurisdicionado paulistano ao Judiciário. Daí a importância de estudarmos soluções.

2. Possíveis soluções

2.1. Criação de uma terceira vara especializada em direito empresarial no Fórum Central

A primeira solução para conter os efeitos da gravitação das varas empresariais é a criação de uma 3ª vara especializada em direito empresarial. Essa não seria uma medida de contenção da gra-

varas especializadas, dada a certeza de que o trato da matéria empresarial será mais técnico e célere. [...] A experiência paulista das Câmara de Direito Empresarial, de reconhecido sucesso, por sua vez, comprova a importância da especialização em matéria empresarial, mostrando-se urgente repensar a organização judiciária, também em primeiro grau, para implementar varas dessa natureza, em ordem a atender a tão esperada estabilidade de julgamento, com reflexos claros no mercado, por criar ambiente e espaço apto ao desenvolvimento da atividade econômica".

vitação jurisdicional propriamente dita, mas de contenção dos seus efeitos.

A criação de uma 3ª vara iria redistribuir o acervo de processos e incrementar a infraestrutura do Poder Judiciário para atender a demanda existente, mas não reduziria a quantidade de novos processos distribuídos (nova demanda), porque não teria o efeito de desencorajar o empresariado a litigar.

Além disso, a criação de novas varas tem um custo associado, que vai desde a contratação de magistrados e serventuários, até a implementação de sua infraestrutura. O procedimento é burocrático e passa por limitações orçamentárias.

Também se deve considerar que a implementação de uma 3ª vara geraria a sua própria gravitação jurisdicional.

A médio prazo, a nova vara provavelmente reduziria a taxa de congestionamento da 1ª e 2ª varas empresariais, tornando as duas primeiras mais eficientes. Mas a longo prazo, ao observar o incremento de eficiência e celeridade, o jurisdicionado poderia sentir-se encorajado a litigar, aumentando a demanda nas três varas empresariais.

Feitas essas breves considerações, analisemos se a gravitação já gerou demanda suficiente para a implementação de uma 3ª vara empresarial.

O art. 4º do Provimento nº 82/2011 do TJSP[15], que trata da criação e instalação de novas varas judiciais, exige um número

[15] BRASIL. Tribunal de Justiça do Estado de São Paulo. Provimento nº 82/2011, Diário da Justiça Eletrônico do Estado de São Paulo (Caderno Administrativo – Ano IV – Edição 994), São Paulo, SP, 14 jun. 2011. Disponível em: www.dje.tjsp.jus.br Acesso em: 11 set. 2019.
Art. 4º – A criação de novas unidades ou a especialização das varas existentes obedecerá aos seguintes critérios:
(a) a análise levará em conta, preferencialmente, os feitos distribuídos, e considerará as características da vara (natureza da jurisdição, complexidade da distribuição, entrância em que classificada etc.);

mínimo de 1.800 novos processos distribuídos para deflagrar o procedimento de criação de uma nova unidade.

Ou seja, para implementar uma 3ª vara empresarial, seria necessário demonstrar que cada uma das três varas – as duas já existentes e a que se pretende criar – seriam distribuídos, pelo menos, 1.800 processos novos, resultando em um total de 5.400 processos.

De janeiro a junho de 2019, foram distribuídos 1.155 processos na 1ª e 2ª varas empresariais juntas. Se essa taxa de distribuição se mantiver nos próximos 6 meses do ano, até o final do ano terão sido distribuídos (1.155 x 2 = 2.310) 2.310 processos empresariais.

De uma interpretação hermenêutica do dispositivo, extraímos que se deve levar em conta a real carga de trabalho exigida dos magistrados, que, por sua vez, precisa considerar a alta viscosidade dos processos empresariais.

Aplicando a taxa de viscosidade (um processo empresarial = 2,09 processos cíveis) sobre os 1.155 processos empresariais, temos uma carga de trabalho equivalente a 4.827,9 processos cíveis, que não está distante dos 5.400 processos necessários. A distância é de apenas 572,1 processos.

(b) a distância da sede e a população local, para a criação de foros distritais ou regionais. A distância será indicada em quilômetros, segundo as vias usuais de acesso;
(c) a carga de serviço por juiz nas varas antigas e nas varas novas, que resultar da instalação, entendido, como número mínimo para deflagrar o procedimento de criação, *1.800 processos novos por ano nas varas cíveis*, de família e da fazenda pública, excluídas as precatórias e as execuções fiscais; 600 denúncias por ano, nas varas criminais; e a proporção dessas quantidades nas varas cumulativas, conforme a representatividade de cada um. A carga de trabalho nos Juizados Especiais Cíveis e Criminais será examinada caso a caso, ante a especificidade da jurisdição; (Grifos meus)

Considerando a gravitação jurisdicional[16], ou seja, que o número de distribuições tem crescido mês a mês, estimamos que até o fim de 2019, serão atingidos os 5.400 processos necessários para deflagrar o procedimento de criação da 3ª vara empresarial.

No I Congresso Brasileiro de Processo Empresarial, realizado em agosto de 2019, o Desembargador Manoel de Queiroz Pereira Calças[17] afirmou que o TJSP havia iniciado discussões a respeito da criação da 3ª vara empresarial na comarca da Capital e que o Tribunal também avaliava a possibilidade de implementar varas regionais especializadas em matéria empresarial com jurisdição sobre mais de uma comarca.

De fato, no dia 02 de dezembro de 2019, o TJSP instalou no Fórum João Mendes a 1ª e 2ª Varas Regionais Empresariais e de Conflitos Relacionados à Arbitragem da 1ª Região Administrativa Judiciária – Grande São Paulo (1ª RAJ) (varas regionais)[18].

Em linha com a fala do Desembargador Pereira Calças, as varas regionais aglutinam a jurisdição dos processos empresarias das comarcas da 1ª RAJ, composta por Arujá, Barueri, Carapicuíba, Cotia, Diadema, Embu das Artes, Embu-Guaçu, Ferraz de Vasconcelos, Guararema, Guarulhos, Itapecerica da Serra, Itapevi, Itaquaquecetuba, Jandira, Mairiporã, Mauá, Mogi das Cruzes, Osasco, Poá, Ribeirão Pires, Rio Grande de Serra, Santa Isabel, Santana do Parnaíba, Santo André, São Bernardo

[16] Associação Brasileira de Jurimetria. **Apresentação: Varas Empresariais: uma iniciativa de sucesso**. Disponível em: https://abjur.github.io/slides/varemp/? Acesso em 09 set. 2019. Slide 9.

[17] PEREIRA CALÇAS, Manoel de Queiroz. Palestra de Abertura: A especialização judicial em direito empresarial. In: **I Congresso Brasileiro de Processo Empresarial**.15 ago. 2019. São Paulo: Fundação Armando Álvares Penteado (FAAP). O I Congresso Brasileiro de Processo Empresarial foi gravado na íntegra e o vídeo será disponibilizado online em breve.

[18] Disponível em: https://www.tjsp.jus.br/Noticias/Noticia?codigoNoticia=59719. Acesso em 31 jan. 2020.

do Campo, São Caetano do Sul, Suzano, Taboão da Serra e Vargem Grande Paulista.

A fala do Desembargador Pereira Calças, mas principalmente a recente implementação das varas regionais revela que o TJSP está atento à movimentação das varas empresariais e que, a despeito da burocracia, custos e formalidade envolvidos na criação de novas unidades judiciárias, a implementação de uma 3ª vara empresarial na comarca da Capital é factível e está inserida na pauta de discussão do Tribunal.

2.2. Ajustes no sistema de arrecadação de custas judiciais do Tribunal de Justiça do Estado de São Paulo poderiam ajudar?

Outra possível solução para conter a gravitação seria ajustar o sistema de custas judiciais do TJSP. Isso porque um dos principais objetivos da cobrança é regular o acesso à justiça, encorajando ou desencorajando o uso de métodos alternativos de resolução de conflitos para atingir um ótimo[19] de litigância.

Muitos entendem que as custas judiciais são o preço que se paga pelo serviço "justiça" e que, portanto, estariam sujeitas às leis de oferta e demanda aplicáveis ao mercado como qualquer outro bem ou serviço:

> A custa judicial é um preço do serviço. Assim, as custas tornam o acesso ao Judiciário mais caro estabelecendo um preço explícito na demanda por justiça. Nesse sentido, o número de casos deverá diminuir, evitando o uso excessivo das cortes.

[19] O termo "ótimo" aqui é empregado em sua acepção econômica. Eficiência ou óptimo de Pareto foi um conceito desenvolvido pelo italiano Vilfredo Pareto, que define um estado de alocação de recursos em que é impossível realocá-los tal que a situação de qualquer participante seja melhorada sem piorar a situação individual de outro participante.

> Isso sugere que a demanda por serviços legais não é diferente (em essência) da demanda por qualquer outro bem ou serviço e que está sujeita à lei de demanda, à medida em que o preço por um bem ou serviço aumenta, *ceteris paribus*, a demanda por esse bem ou serviço diminui e vice-versa. (tradução livre)[20]

Isso é verdade até certo limite, pois se trata de um mercado particular, relacionado a políticas públicas e à administração da justiça. Sendo assim, não importa o quão bem o mercado de serviços jurídicos funcione e nem o quanto ele seja competitivo, não é possível afirmar que o volume de processos tenderá ao ótimo de litigância[21].

Apesar de suas particularidades, é um mercado que gera externalidades positivas e negativas, assim como qualquer outro.

Em termos de externalidade positiva, podemos citar a produção de jurisprudência pelos Tribunais, que tem o efeito de dissuadir comportamentos indesejados de ofensores em potencial. Já em termos de externalidade negativa, a principal delas é que a litigância impõe custos ao Estado e às Partes envolvidas.

[20] "A court fee is the price for the service. Thus, court fess make more expensive the access to justice by establishing an explicit price on the demand for justice. In this way, the number of cases should decrease, and avoid the excessive use of courts.
This implies the assumption that the demand for legal services is not different (in essence) of the demand for any other good or service, and is subject to the law of demand, as the price of a good or service increases, ceteris paribus, consumer demands for the good or service decrease, and vice versa".
In: Mery Nieto, Rafael. Court fees: Charging the user as a way to mitigate judicial congestion. **The Latin American and Iberian Journal of Law and Economics**, v. 1, issue 1, Article 7. 2015. P. 112. Disponível em: <http://alacdeorg.com/component/k2/item/741-court-fees-charging-the-user-as-a-way-to-mitigate-judicial-congestion>. Acesso em 09 set. 2019.

[21] Shavell, Steven. The fundamental divergence between the private and the social motive to use the legal system. **The Journal of Legal Studies**, v. 26, P. 575–612, Jun. 1997. P. 584.

O presente artigo se restringe a analisar as custas judiciais cobradas das Partes.

Tais custas não podem ser altas e nem baixas demais. Se forem muito elevadas, podem ser consideradas uma barreira de acesso à justiça, impedindo que casos importantes cheguem aos Tribunais e que se transformem em jurisprudência.

Por outro lado, se o custo de acesso ao Judiciário for muito baixo, o jurisdicionado pode se sentir encorajado a litigar o que, a longo prazo, congestiona as varas judiciais e compromete o direito de todos a acessar um Poder Judiciário eficiente. Esse pode ser o caso das varas empresariais.

Para observar se o aumento no valor das custas judiciais cobradas seria uma medida eficiente, o caso da Espanha é particularmente interessante.

A Espanha é o terceiro país europeu com a mais alta taxa de litigância e leva mais tempo para solucionar processos quando comparada a outros países da Europa[22], fator que afetou negativamente o tamanho das empresas e até mesmo sua taxa de empreendedorismo, como detectado por Juan Mora- Sanguinetti e Miguel García-Posada[23]:

[22] A Espanha leva 318 dias para resolver processos em geral, enquanto nos demais países integrantes do CEPEJ, a média de tempo seja de 237 dias. Considerando os indicadores do *Doing Business*, as cortes levam 510 dias para solucionar disputas de natureza comercial, enquanto levam 499 dias na Alemanha e 395 dias na França.

[23] "This study shows that more effective courts seem to promote the entry of entrepreneurs into the market in Spain. Attributing the best law enforcement to the province with the worst judicial efficacy in our sample, the relative increase in the entry rate of entrepreneurs would range between 5 and 7%, depending on the specification. We must emphasize, however, that judicial (in)efficacy seems to be an important barrier to entry for entrepreneurs, but not for corporations.". *In*: García-Posada, M.; Mora-Sanguinetti, J. S. Entrepreneurship and enforcement institutions: Disaggregated evidence for Spain. **European Journal of Law and Economics**, v. 40, P. 49–74, 22 nov. 2014.

> Este estudo mostra que tribunais mais eficazes parecem promover a entrada de empresários no mercado da Espanha. Ao atribuirmos a melhor aplicação da lei à província com a pior eficiência judiciária em nosso exemplo, o aumento relativo na taxa de entrada de empreendedores varia entre 5 e 7%, dependendo da especificação. Devemos enfatizar, no entanto, que a (in)eficiência judicial parece ser uma importante barreira de entrada para empreendedores, mas não para corporações. (tradução livre)

A alta taxa de congestionamento do Poder Judiciário naquele país é atribuída à imposição tardia do pagamento de custas judiciais, que passaram a ser cobradas em 2002 apenas de entidades e empresas e foram estendidas a todas as pessoas físicas em 2012.

Estudo empírico analisou os efeitos da cobrança das custas sobre as taxas de congestionamento para cada tipo de procedimento judicial disponível segundo o processo civil espanhol.

Para os fins desse artigo, iremos nos concentrar no "procedimento ordinário", que além de ser dedicado a resolver determinados conflitos entre empresas, é mais complexo, nos permitindo traçar um paralelo à maior "viscosidade" associada aos processos de natureza empresarial.

O estudo concluiu que (i) a implementação das custas reduziu em 3% (três por cento) a taxa de congestionamento do Poder Judiciário relativamente aos procedimentos ordinários e que (ii) embora as custas tenham reduzido as taxas de litigância e de congestionamento, o efeito que elas produzem sobre o comportamento do jurisdicionado não é homogêneo.

Esse efeito varia conforme o tipo de procedimento e os fatores macroeconômicos, como complexidade social local, a renda *per capita* e a composição setorial da economia no local.

Estudo realizado por Rafael Mery Nieto[24] sobre a utilização de custas judiciais como forma de mitigar a taxa de congestionamento do Judiciário concluiu, por exemplo, "Quanto maior for a renda, menor a aversão ao risco e – *ceteris paribus* – maior probabilidade de acessar a justiça e, portanto, recorrer à justiça está positivamente correlacionado à renda". (tradução livre)

Por sua vez, o relatório *"The economics of civil justice: New cross--country data and empirics"* elaborado pela Organização de Cooperação e de Desenvolvimento Econômico (OCDE), constatou que quanto maior for a parcela da economia dedicada à agricultura ou a serviços relacionados à indústria, mais altas serão as taxas de litigância. Essa correlação é tratada no trecho abaixo:

> Controladas as características não observáveis e não variáveis no tempo de cada país e as tendências comuns não lineares de litigância, estimativas empíricas sugerem que a composição setorial da economia – medida pelas parcelas do emprego na agricultura e pelos serviços em relação à parcela do emprego na indústria – afeta significativamente as taxas de litigância, embora o impacto seja quantitativamente modesto (Tabela 7).
>
> Especificamente, maiores quotas de emprego na agricultura e serviços em relação à indústria estão relacionadas a maiores taxas de litigância. Isso pode refletir a maior fragmentação dos setores agrícola e de serviços, a maior incerteza dos retornos na agricultura (devido, por exemplo, à maior dependência das con-

[24] "The higher the income, the lower risk aversion is, and – ceteris paribus – more likely to access justice, and therefore, resorting to justice is positively correlated to income".
In: MERY NIETO, Rafael. Court fees: *Charging the user as a way to mitigate judicial congestion.* **The Latin American and Iberian Journal of Law and Economics**, 2015, Article 7., P. 114. Disponível em: <http://alacdeorg.com/component/k2/item/741-court-fees-charging-the-user-as-a-way-to-mitigate-judicial-congestion>. Acesso em: 18 ago. 2019.

dições climáticas) ou o maior grau de incompletude dos contratos no setor de serviços (devido, por exemplo, a maior assimetria de informações entre fornecedores e consumidores finais e intermediários). (tradução livre) [25]

Com base na experiência espanhola, o aumento do valor das custas judiciais cobradas nos processos empresariais distribuídos nas varas empresariais é uma alternativa viável a ser considerada como forma de conter a gravitação jurisdicional. Todavia, ela deve ser feita logo para que seja efetiva.

Chappe[26] reconhece que "existe uma relação interativa complexa entre as alterações no valor das custas de distribuição e de sentenças e a probabilidade de litígio", mas acrescenta que

[25] "Controlling for time-invariant unobservable characteristics of each country and non-linear common time trends in litigation, empirical estimates suggest that the sectoral composition of the economy – as measured by the shares of employment in agriculture and services relative to the share of employment in industry – significantly affects litigation rates, even though the impact is quantitatively modest (Table 7).
Specifically, higher shares of employment in agriculture and services relative to industry are related to higher litigation. This may reflect the higher fragmentation of the agricultural and service sectors, the greater uncertainty of returns in agriculture (due, for instance, to their higher dependence on climatic conditions) or the higher degree of contract incompleteness in the service sector (due for instance to larger asymmetry of information between suppliers and final and intermediate consumers)". (Grifos meus).
In: Organização de Cooperação e de Desenvolvimento Econômico. **Relatório: The economics of civil justice: New cross-country data and empirics**. (Working paper nº 1060). P. 39. Disponível em: https://www.oecd-ilibrary.org/docserver/5k41w04ds6kf-en.pdf?expires=1568083944&id=id&accname=guest&checksum=8599E6FD055E7084AA2A97568A67CBEA Acesso em: 09 set. 2019.

[26] Thus, our results suggest there is a complex interactive relationship between changes in the amount of filing fees and of awards and the probability of litigation. One part of the results can be obtained without modelling court congestion. The interactions arise partly from the fact that the probability of

apesar de "Uma parte dos resultados pode[r] ser obtida sem levar em conta o congestionamento dos tribunais, [...] o congestionamento judicial tem efeitos típicos na dinâmica do litígio".

Isso significa que se nos voltarmos para as varas empresariais apenas quando elas já estiverem congestionadas, um ajuste no sistema de custas pode já não ser mais uma medida efetiva.

Visto que o ajuste no sistema de custas judiciais é uma política pública a ser levada em consideração, vejamos agora como essa cobrança é feita no Estado de São Paulo.

2.2.1. O modelo de custas adotado pela Justiça Estadual de São Paulo

A cobrança de custas judiciais do Estado de São Paulo foi regulamentada pela Lei Estadual nº 11.608/2003 e hoje o Estado adota um modelo misto de cobrança, com a fixação de um percentual de 1% (um por cento) sobre o valor da causa no ato da distribuição e, também, há valores mínimos e máximos de pagamento.

Há um recolhimento mínimo de 5 (cinco) UFESPs (Unidade Fiscal do Estado de São Paulo[27]), que atualmente corresponde a R$ 132,62 (cento e trinta e dois reais e sessenta e cinco

litigation is obtained as the conditional probability of suits being filed given the occurrence of illegal acts (see Appendix 6.1 for more details).
However, court congestion has typical effects on litigation dynamics. Congestion modifies the conditions for which the results are reversed. Without congestion, the impact of higher awards and of higher filing fees is reversed at different thresholds [...].
In: CHAPPE, Nathalie. Demand for civil trials and court congestion. **European Journal of Law and Economics**, v. 33, P. 343–357. Jan. 2011. P. 349.

[27] A UFESP para o ano de 2019 é R$ 26,53 (vinte e seis reais e cinquenta e três centavos) nos termos do Comunicado do Diretor de Arrecadação DA-89, de 18-12-2018. Disponível em: http://dobuscadireta.imprensaoficial.com.br/default.aspx?DataPublicacao=20181219&Caderno=DOE-I&NumeroPagina=40 Acesso em: 18 ago. 2019.

centavos) e um teto máximo de 3.000 (três mil) UFESPs, que corresponde a R$ 79.590,00 (setenta e nove mil, quinhentos e noventa reais).

O CNJ analisou comparativamente os valores das custas judiciais cobradas por todos os Estados da Federação e concluiu que São Paulo é um dos três Estados que cobra os valores mais baixos[28].

Tendo em vista que o Estado de São Paulo é um dos entes federativos que cobra os valores mais baixos a título de custas judiciais, o aumento no valor dessas taxas parece ser medida razoável.

Antes de analisar como seria possível aumentar as custas judiciais, é preciso tratar dos limites e balizas fixados na jurisprudência do Supremo Tribunal Federal (STF) sobre o tema.

2.2.2. Balizas e obstáculos apresentados pela jurisprudência do Supremo Tribunal Federal

A possibilidade da cobrança de custas judiciais foi inserida no texto constitucional, por meio dos arts. 98 § 2º, 24, inc. IV e 125, *caput*.

Da leitura conjunta desses dispositivos, extraímos que, apesar de os Estados possuírem autonomia quanto à organização de sua justiça, a competência para dispor sobre custas judiciais é concorrente entre União, Estados e Municípios.

O natural seria a edição de uma lei nacional dispondo sobre normas gerais para a cobrança de custas judiciais na esfera estadual, cabendo a cada Estado regulamentar os seus dispositivos. Essa lei nacional nunca foi editada e, diante desse vácuo norma-

[28] Conselho Nacional de Justiça. **Relatório Perfil da fixação de custas judiciais no Brasil e análise comparativa da experiência internacional.** Disponível em: http://www.cnj.jus.br/images/poder-judiciario/relatorio%20pesquisas%20custas%20judiciais_julho_260710.pdf. Acesso em: 03 ago. 2019. P. 18.

tivo, o STF tem considerado válidas leis estaduais que regulam a cobrança de custas judiciais.

Instado a se manifestar sobre o tema, o Plenário da Corte afirmou que tais leis estaduais são constitucionais desde que o valor cobrado do contribuinte seja proporcional ao serviço prestado pelo Estado.

Considerando que os processos empresariais são 2,09 vezes mais viscosos do que os de natureza cível, parece-me razoável que as custas judiciais cobradas em demandas empresariais sejam, no mínimo, duas vezes mais elevadas. Um ajuste no sistema de custas implementado dessa forma atenderia à necessária proporcionalidade entre o serviço prestado pelo Estado e o valor pago pelo jurisdicionado.

Outra baliza importante na jurisprudência da Corte diz respeito aos "tetos" de cobrança de custas. Em setembro de 2003, o STF editou a súmula nº 667 do STF, segundo a qual: "viola a garantia constitucional de acesso à jurisdição a taxa judiciária calculada sem limite sobre o valor da causa".

Assim, qualquer ajuste no modelo atual de cobrança de custas do TJSP não poderia ser feito através da retirada do "teto", pois tal medida violaria a súmula nº 667.

2.2.3. De que maneiras é possível aumentar as custas?

Considerando a sistemática de cobrança de custas judiciais adotada pelo Estado de São Paulo e a jurisprudência do STF sobre o tema, as custas poderiam ser majoradas mediante o aumento – não a retirada – do "teto" ou mediante o aumento das alíquotas que incidem sobre o valor da causa no ato da distribuição.

Para saber se tal aumento seria eficiente para conter a gravitação, ou seja, se teria o efeito de dissuadir parte do jurisdicionado a distribuir novas ações, é preciso analisar quantos dos novos processos judiciais distribuídos atingiram o "teto" de cobrança.

O estudo realizado pela ABJ[29] demonstra que os litígios com os mais elevados valores de causa em trâmite perante as varas empresariais são os que envolvem defeito, anulação ou nulidade e que o valor médio desse tipo de causa é R$203.063,05 (duzentos e três e sessenta e três reais e cinco centavos).

O Autor de uma demanda com esse valor teria de recolher R$ 2.030,63 (dois mil e trinta reais e sessenta e três centavos) a título de custas de distribuição, que corresponde a 1% do valor da causa.

Esses dois mil reais de custas estão muito distantes do "teto" de R$ 79.590,00 (setenta e nove mil, quinhentos e noventa reais) fixado pelo TJSP, de modo que a majoração desse "teto" seria pouco eficiente como medida de contenção da gravitação jurisdicional, já que atingiria um universo restrito de casos.

Diante da aparente ineficácia do aumento do "teto", a alternativa que melhor parece resolver o problema é o aumento da alíquota de 1% (um por cento) que incide sobre o valor da causa no ato da distribuição.

Com exceção das hipóteses em que o "teto" máximo é atingido, a cobrança de custas através da aplicação de percentual sobre o valor da causa é um critério proporcional em si: quanto maior o valor da causa, maior o valor recolhido.

Eventual ajuste no sistema de custas feito dessa maneira contemplaria a viscosidade associada aos processos empresariais e prestigiaria a proporcionalidade exigida pelo STF, como visto nos capítulos 1 e 2.2.2 respectivamente.

Vale ressalvar que o aumento da atual alíquota de 1% (um por cento) com a manutenção do "teto" de cobrança, poderia fazer com que diversas ações que hoje nem chegam perto do "teto", passassem a atingi-lo.

[29] Associação Brasileira de Jurimetria. **Apresentação: Varas Empresariais: uma iniciativa de sucesso.** Disponível em: https://abjur.github.io/slides/varemp/? Acesso em 09 set. 2019. Slide 11.

Nesse caso, a depender da população de ações atingidas pela medida (aumento da alíquota de 1% sobre o valor da causa), poderíamos estar diante da necessidade de aumentar também o "teto" máximo de cobrança.

2.2.4. Cautela na gratuidade judiciária para pessoas jurídicas e modulação dos efeitos do benefício

Uma terceira alternativa para conter a gravitação jurisdicional seria a proibição da concessão da gratuidade judiciária para empresários ou, quando menos, a modulação dos efeitos do benefício.

Essa alternativa nada mais é do que um desdobramento do ajuste no sistema de cobrança de custas judiciais.

Como vimos no capítulo 1.2, até certo limite, as custas judiciais funcionam como barreira de entrada ao Poder Judiciário, reduzindo a quantidade de processos distribuídos.

Assim, a não-cobrança de custas, possivelmente feita através da gratuidade judiciária, pode provocar uma litigância excessiva por não ter o efeito de dissuadir a propositura de ações frívolas.

Dados da ABJ revelam que o benefício da justiça gratuita é requerido em 20% (vinte por cento) das ações distribuídas nas varas empresariais[30]. Trata-se de um número expressivo de pedidos, que traz à tona o debate sobre a possibilidade de pessoas jurídicas serem beneficiárias de gratuidade.

A não-concessão da gratuidade judiciária em favor de empresários encontra respaldo no entendimento de que como as pessoas jurídicas são fictas, a formação de sua "vontade" é fruto de decisões conjuntas tomadas por seus órgãos de deliberação. Dessa forma, quando pessoas jurídicas se encontram em situação

[30] Associação Brasileira de Jurimetria. **Apresentação: Varas Empresariais: uma iniciativa de sucesso**. Disponível em: https://abjur.github.io/slides/varemp/? Acesso em 09 set. 2019. Slide 13.

econômico-financeira deficitária, isso é consequência das más decisões tomadas por seus próprios órgãos[31].

A vertente oposta entende que a empresa deve ser considerada hipossuficiente durante períodos de crise e que, durante esses períodos, é preferível que seus escassos recursos sejam direcionados "à preservação da fonte produtiva, que cumpre sua função socioeconômica, gerando empregos, arrecadação de tributos, produção e circulação de bens e serviços e uma série de outras externalidades econômicas e sociais positivas"[32], do que ao pagamento de custas judiciais.

O segundo entendimento prevaleceu e hoje o art. 98 do Código de Processo Civil (CPC) autoriza expressamente que as pessoas jurídicas sejam beneficiárias da justiça gratuita.

Mas se é verdade que o CPC permite a concessão de justiça gratuita às pessoas jurídicas, ele também permite a modulação dos efeitos do benefício. A modulação pode ser feita através da (i) redução percentual ou do parcelamento das despesas que o beneficiário tiver que adiantar ao longo do processo ou (ii) da fixação da gratuidade sobre apenas alguns atos processuais isolados.

A doutrina entende que modulação da justiça gratuita pode, inclusive, ser decidida de ofício pelo juiz quando a parte solicitar a concessão do benefício e a contraparte pedir a sua revogação. Isso porque, "se o juiz pode deferir o benefício modulado à parte que o pede integralmente, também pode decidir pela modulação se a contraparte ou o terceiro pedem a revogação"[33].

[31] MIRANDA, Claudio Luiz de. A gratuidade da justiça para o empresário em recuperação judicial diante do novo CPC. In: **Revista de Direito Recuperacional e Empresa.** vol. 2/2016 | Out – Dez / 2016 DTR\2016\24799. P. 9.

[32] Ibid, P. 9.

[33] DIDIER JR., Fredie. Benefício da justiça gratuita: de acordo com o novo CPC. (LGL/2015/1656). 6ª Ed. Salvador. Ed. Juspodivm, 2016, P. 89.

Dado que não é possível proibir a concessão do benefício para pessoas jurídicas senão mediante alteração legislativa, o ideal para fins de contenção da gravitação jurisdicional é que, verificados os requisitos para a concessão da gratuidade, o juiz, ao menos, considere modular os efeitos do benefício.

Não se está aqui tentando demonizar o instituto da gratuidade judiciária, que é, fundamental para a garantia do acesso à justiça.

Mas sob uma perspectiva econômica, é possível traçar um paralelo entre o benefício desmedido e a tragédia dos comuns.

A "tragédia dos comuns"[34] ocorre quando muitos indivíduos compartilham a exploração de um recurso comunitário finito. Essas situações opõem interesses pessoais de curto prazo e o bem comum, porque permitem que os indivíduos se beneficiem prejudicando os demais integrantes da comunidade.

Nesse tipo de situação, a tendência é que cada um aja de acordo com seus próprios interesses individuais, explorando, tanto quanto possível, o recurso comum no curto prazo e esgotando esse recurso para todos no longo prazo.

No caso em análise, todos os empresários estão individualmente encorajados a pleitear a gratuidade judiciária no curto prazo.

A longo prazo, todavia, os efeitos negativos que advirem do decréscimo no orçamento do TJSP serão compartilhados entre todos os que utilizam o sistema, independentemente de serem ou não beneficiários da gratuidade ou de a terem pleiteado.

[34] Lloyd, William Forster, Two Lectures on the Checks to Population. **Oxford**. Oxford University Press, 1833. Disponível em: https://ia800903.us.archive.org/28/items/twolecturesonch00lloygoog/twolecturesonch00lloygoog.pdf. Acesso em 09 set. 2019; Hardin, Garrett. The Tragedy of the Commons. **Science**, v. 162, nº 3859, 13 dez. 2019. P. 1243-1248. Disponível em: http://www.mcleveland.org/Class_reading/Hardin_Tragedy_of_the_Commons.pdf Acesso em: 30 ago. 2019.

A otimização de eficiência para um indivíduo, aqui representado pelo empresário que pleiteia a gratuidade sem dela precisar para ter menos despesa com o processo, prejudica todo o jurisdicionado no longo prazo.

Para que o acesso gratuito ao Judiciário não se torne mais um exemplo da tragédia dos comuns, o benefício da gratuidade judiciária deve ser concedido com moderação pelos magistrados. A longo prazo, entendo que essa medida também pode funcionar como estratégia de contenção da gravitação jurisdicional.

Conclusões

As varas empresariais foram inauguradas pelo TJSP em 05 de dezembro de 2017 para que os litígios de natureza empresarial passassem a ser solucionados com mais técnica e rapidez, tornando o ambiente de negócios mais atrativo.

Os dados da ABJ demonstram que, desde que as novas varas entraram em atividade, o número de processos empresariais distribuídos tem apresentado tendência de aumento, o que pode comprometer a sua eficiência.

O presente artigo apresentou algumas soluções para conter esse aumento, sendo a primeira delas a criação de uma 3ª vara empresarial. Considerando as distribuições até junho de 2019, a viscosidade dos processos empresariais e a gravitação das varas empresariais, estimamos que até o final do ano, a demanda será suficiente para deflagrar o procedimento de criação da 3ª vara empresarial nos termos do Provimento nº 82/2011 do TJSP.

A segunda alternativa para conter a gravitação, seria um aumento nas custas judiciais, que pode ser feito através do aumento do "teto" de recolhimento ou da alíquota de 1% que incide sobre o valor da causa no ato da distribuição.

Com base na média dos valores dos processos empresariais, concluímos que o aumento do "teto" seria ineficiente, de modo que a alternativa ideal seria o aumento da alíquota de 1% para que fossem, pelo menos, duas vezes mais elevadas. Tal medida contemplaria a taxa viscosidade dos processos empresariais e a jurisprudência do STF, que exige proporcionalidade entre o serviço judicial prestado e o valor cobrado do jurisdicionado. Entretanto, o aumento isolado da alíquota de 1% poderia fazer com que diversas ações que hoje não atingem o "teto", passassem a atingi-lo, caso em que também seria necessário aumentar o "teto" máximo de cobrança – a depender da população de ações atingidas pela medida.

Uma terceira alternativa para conter a gravitação jurisdicional seria a proibição da concessão da gratuidade judiciária aos empresários ou, quando menos, a modulação dos efeitos do benefício.

Se as custas operam como meio de internalização dos custos dos litígios e como barreira de entrada aos litigantes, reduzindo a quantidade de novos processos distribuídos, a não-cobrança de custas pode gerar uma litigância excessiva, porque não tem o efeito de evitar a propositura de ações frívolas.

O mesmo ocorre quando as custas são baixas demais, fazendo com que o acesso à justiça seja muito barato.

A efetividade de qualquer ajuste no sistema de custas, seja ele via mudança de alíquotas, do teto ou do benefício da gratuidade judiciária, dependerá da taxa de congestionamento do Poder Judiciário e de outros fatores macroeconômicos do Estado de São Paulo, como a complexidade social local, a renda *per capita* (quanto maior for a renda *per capita*, maior a taxa de litigância) e a composição setorial da economia no local.

Referências

Nacionais

CASTRO, Rodrigo Rocha Monteiro de. PEREIRA, Guilherme Setoguti J. O Judiciário E Os Litígios Empresariais: a bem-sucedida experiência do Tribunal de Justiça de São Paulo. In: **Revista de Direito Bancário e do Mercado de Capitais** | vol. 65/2014 | p. 53 | Jul / 2014 DTR\2014\15170.

FREDIE Didier Jr. Benefício da justiça gratuita: de acordo com o novo CPC. (LGL/2015/1656). 6ª Ed. Salvador. Ed. Jvspodium,2016, p. 89.

MIRANDA, Claudio Luiz de. A gratuidade da justiça para o empresário em recuperação judicial diante do novo CPC. In: **Revista de Direito Recuperacional e Empresa** | vol. 2/2016 | Out – Dez / 2016 DTR\2016\24799

NUNES, Marcelo Guedes. Jurimetria: Como a Estatística Pode Reinventar O Direito." São Paulo: Editora Revista Dos Tribunais. 2016.

NUNES, Marcelo Guedes. O que é a Jurimetria? In: **Revista de Direito Bancário e do Mercado de Capitais** | vol. 62/2013 | p. 253 – 260 | Out -Dez/2013 DTR\2013\11683.

PEREIRA CALÇAS, Manoel de Queiroz. Palestra de Abertura: A especialização judicial em direito empresarial. In: **I Congresso Brasileiro de Processo Empresarial.**15 ago. 2019. São Paulo: Fundação Armando Álvares Penteado.

TRECENTI, Julio Adolfo Zucon e FILHO, Fernando Poliano Tarouco Correa. Estudo Jurimétrico Sobre Varas Empresariais na Comarca de São Paulo. Disponível em: http://www.enajus.org.br/2018/assets/sessoes/035_EnAjus.pdf?cache=false Acesso em 13 abr. 2019.

Estrangeiras

CAMBRIDGE UNIVERSITY. **Cambridge Advanced Learner's Dictionary & Thesaurus**. Cambridge University Press. Disponível em: https://dictionary.cambridge.org/dictionary/english/court-of-equity?q=%22court+of+equity%22 Acesso em 31 ago. 2019.

CHAPPE, Nathalie. Demand for civil trials and court congestion. **European Journal of Law and Economics**, v. 33, P. 343–357. Abril 2012.

GARCÍA-POSADA, M.; MORA-SANGUINETTI, J. S. Entrepreneurship and enforcement institutions: Disaggregated evidence for Spain. **European Journal of Law and Economics**, v. 40, P. 49–74, 22 nov. 2014.

HARDIN, Garrett. The Tragedy of the Commons. **Science**, v. 162, nº 3859, 13 dez. 2019. P. 1243-1248. Disponível em: http://www.mcleveland.org/Class_reading/Hardin_Tragedy_of_the_Commons.pdf Acesso em: 30 ago. 2019.

KESAN, Jay P., and Gwendolyn G. Ball. Judicial experience and the efficiency and accuracy of patent adjudication: an empirical analysis of the case for a specialized patent trial court. **Harvard Journal of Law & Technology**, Spring 2011, P. 393+. Disponível em: http://link-galegroup.ez336.periodicos.capes.gov.br/apps/doc/A336489895/AONE?u=insper_br&sid=AONE&xid=132baefb. Acesso em 7 abr. 2019.

Lloyd, William Forster, Two Lectures on the Checks to Population. **Oxford.** Oxford University Press, 1833. Disponível em: https://ia800903.us.archive.org/28/items/twolecturesonch00lloygoog/twolecturesonch00lloygoog.pdf. Acesso em 09 set. 2019.

Mery Nieto, Rafael. Court fees: Charging the user as a way to mitigate judicial congestion. **The Latin American and Iberian Journal of Law and Economics**, v. 1, issue 1, Article 7. 2015. Disponível em: <http://alacdeorg.com/component/k2/item/741-court-fees-charging-the-user-as-a-way-to-mitigate-judicial-congestion>. Acesso em 09 set. 2019.

Mora-Sanguinetti, J. S.; Martínez-Matute, M. An economic analysis of court fees: evidence from the Spanish civil jurisdiction. **European Journal of Law and Economics**. v.47. P. 321–359. 06 Abr. 2019

Shavell, Steven. Suit, settlement and trial: A theoretical analysis under alternative methods for the allocation of legal costs. **The Journal of Legal Studies**, v. 11, nº 1, P. 55–81, Jan. 1982.

Shavell, Steven. The fundamental divergence between the private and the social motive to use the legal system. **The Journal of Legal Studies**, v. XXVI, P. 575–612, Jun. 1997. P. 584

Relatórios e pareceres

Associação Brasileira de Jurimetria. **Estudo sobre varas empresariais na Comarca de São Paulo, datado de 28 Nov. 2016**. Disponível em: https://abjur.github.io/tjspBook/index.html. Acesso em 7 abr. 2019.

Associação Brasileira de Jurimetria. **Apresentação: Varas Empresariais: uma iniciativa de sucesso**. Disponível em: https://abjur.github.io/slides/varemp/? Acesso em 09 set. 2019.

Conselho Nacional de Justiça. **Relatório Justiça em Números 2018**. Disponível em: http://www.cnj.jus.br/files/conteudo/arquivo/2018/09/8d9faee7812d35a58cee3d92d2df2f25.pdf Acesso em 14 abr. 2019.

Conselho Nacional de Justiça. **Relatório Perfil da fixação de custas judiciais no Brasil e análise comparativa da experiência internacional.** Disponível em: http://www.cnj.jus.br/images/poder-judiciario/relatorio%20pesquisas%20custas%20judiciais_julho_260710.pdf. Acesso em: 03 ago. 2019.

Departamento Estadual de Sociedades de Delaware. **Relatório: Por que as sociedades escolhem Delaware.** Disponível em: https://corpfiles.delaware.gov/whycorporations_file_portuguese.pdf Acesso em: 26 ago. 2019.

Fundação Sistema Estadual de Análise de Dados. **Relatório do PIB trimestral do Estado de São Paulo no 1º trimestre de 2019**. Disponível em: http://www.seade.gov.br/produtos/midia/2019/06/Pib_Trimestral_1Trrim_2019-1.pdf. Acesso em 26 ago. 2019.

Organização de Cooperação e de Desenvolvimento Econômico. **Relatório: The economics of civil justice: New cross-country data and empirics.** (Working papers nº 1060). Disponível em: https://www.oecd-ilibrary.org/docserver/5k41w04ds6kf-en.pdf?expires=1568083944&id=id&accname=guest&checksum=8599E6FD055E7084AA2A97568A67CBEA Acesso em: 09 set. 2019.

Tribunal de Justiça do Estado de São Paulo. **Parecer da Corregedoria Geral da Justiça do Tribunal de Justiça do Estado de São Paulo nos autos do Processo nº 2006/0678**, datado de 05 de dezembro de 2016.

World Bank Group. **Relatório Doing Business 2019.** 16ª Ed. Disponível em: http://www.doingbusiness.org/content/dam/doingBusiness/media/Annual-Reports/English/DB2019-report_web-version.pdf Acesso em 14 abr. 2019.

World Bank Group. **Relatório *Brazil:* Making Justice Count Measuring and Improving Judicial Performance in Brazil**. Disponível em: http://documents.worldbank.org/curated/pt/625351468017065986/Brazil-Making-justice-count-measuring-and-improving-judicial-performance-in-Brazil. Acesso em 14 abr. 2019.

Legislação e Jurisprudência

BRASIL. Lei nº 13.105, de 16 de março de 2015. Código de Processo Civil. Palácio do Planalto Presidência da República, Brasília, DF, 17 mar. 2015. Disponível em: http://www.planalto.gov.br/ccivil_03/_ato2015-2018/2015/lei/l13105.htm. Acesso em: 10 set. 2019.

BRASIL. Constituição (1988). Constituição da República Federativa do Brasil. Brasília, DF, 5 de outubro de 1988. Disponível em: http://www.planalto.gov.br/ccivil_03/constituicao/ConstituicaoCompilado.htm. Acesso em: 10 set. 2019.

BRASIL. Supremo Tribunal Federal. Pleno – Representação nº 1077/RJ – Relator: Ministro Moreira Alves, Diário da Justiça, Brasília, DF, 28 set. 1984. Disponível em: http://stf.jus.br/portal/jurisprudencia/listarJurisprudencia.asp?s1=%28Rp%24%2ESCLA%2E+E+1077%2ENUME%2E%29+OU+%28Rp%2EACMS%2E+ADJ2+1077%2EACMS%2E%29&base=baseAcordaos&url=http://tinyurl.com/olsxvxq. Acesso em: 10 set. 2019.

BRASIL. Supremo Tribunal Federal. Pleno. Súmula vinculante nº 667. Diário da Justiça, Brasília, DF, 09 out. 2003, P. 4; 10 out. 2003, P. 4 e 13 out. 2003, P. 4. Disponível em: http://www.stf.jus.br/portal/jurisprudencia/listarJurisprudencia.asp?s1=667.NUME.%20NAO%20S.FLSV.&base=baseSumulas. Acesso em: 10 set. 2019.

BRASIL. Tribunal de Justiça do Estado de São Paulo. Provimento nº 82/2011, Diário da Justiça Eletrônico do Estado de São Paulo (Caderno Administrativo – Ano IV – Edição 994), São Paulo, SP, 14 jun. 2011. Disponível em: www.dje.tjsp.jus.br Acesso em: 11 set. 2019.

ANEXO A – Quadro: Distribuições nas varas empresariais em 2019

	1ª Vara	**2ª Vara**	**Total**
jan/19	67	65	**132**
fev/19	101	97	**198**
mar/19	95	100	**195**
abr/19	105	100	**205**
mai/19	117	121	**238**
jun/19	96	91	**187**
		Total	**1155**
		Estim. até dez/2019	**2310**
		Estim. até dez/2019 considerando a viscosidade	**4827,9**

Fonte: Da Autora

SOBRE OS AUTORES

Bruna Monteiro Bolzan

Graduada em Direito pela Universidade Presbiteriana Mackenzie em 2014, pós-graduada em Direito Empresarial pelo Insper em 2019. Atuou como *Compliance Officer* e foi responsável pela implementação do projeto de adequação à Lei Geral de Proteção de Dados em uma empresa multinacional do ramo de seguros. Participa de palestras e debates a respeito da nova lei de proteção de dados e desde março de 2020 atua no time de desenvolvimento de negócios de uma empresa de tecnologia

Bruno Figueiroa Correa de Oliveira Andrade

Advogado, pós-graduado em Direito Empresarial pelo INSPER, membro da Comissão de Startups e Inovação da OAB Santos/SP e do São Paulo Legal Hackers, diretor comercial na Lawgile, *lawtech* brasileira que desenvolve metodologias ágeis para advogados, e entusiasta sobre temas sobre Direito, Tecnologia e Inovação.

Henrique Araújo Loureiro de Carvalho

Advogado, formado em Direito pelo Centro Universitário das Faculdades Metropolitanas Unidas – FMU (2010) e pós-graduado em Direito Empresarial pelo Insper Instituto de Ensino e Pesquisa (2019). Possui 10 anos de experiência como advogado e trabalhou em escritórios de advocacia de grande e médio porte, bem como no departamento jurídico de grandes empresas. Advogado que anseia promover o direito à diversidade por meio do ordenamento jurídico e acredita na diversidade e inclusão para melhorar o mundo.

Lucas Macedo de Magalhães

Advogado da área de Direito Digital, Proteção de Dados e Corporate; Pós Graduado em Direito Empresarial pelo Insper; Pós Graduando em Direito e Tecnologia da Informação pela Universidade de São Paulo; formado em Direito dos Negócios da Internet pela FGV – SP, em Proteção de Dados e Privacidade pelo Insper e em *Data Protection Officer* pela FIA.

Mariana de Carvaho Rici

Professora assistente de Direito Comercial na graduação da PUC-SP desde o 1º semestre de 2019 e formada em Direito pela mesma Instituição desde 2017. Advogada com atuação em contencioso cível estratégico e arbitragem, com especialização em Direito Empresarial pelo INSPER em 2019.